ANGER'S TOLL

憤怒的代價

那些被情緒「偷走」的機遇

溝通是 70% 的情緒＋30% 的內容
多幾秒鐘思索就能避免暴走，讓互動更有質感！

因為幾塊錢的價差，顧客憤怒揮刀砍向了麵攤老闆；
因為和家人起口角，擅自下車的遊客慘遭老虎拖走；
因為蒼蠅犯下失誤，知名撞球選手與冠軍擦肩而過……

李涵 —— 著

一時的情緒激動，就讓事情變得無可挽回；
掌握好個人「情緒週期表」，不讓臭脾氣凌駕大腦！

目錄

▮ 序言

▮ Part 1　壞脾氣的來源
　第 1 章　壞脾氣是必經的成長課題　　　　　　　009
　第 2 章　脾氣背後的祕密：情緒從何而來？　　　029

▮ Part 2　脾氣的殺傷力：別讓它成為你的枷鎖
　第 3 章　生氣的代價：你無法承受的錯誤成本　　053
　第 4 章　衝動即魔鬼：憤怒如何摧毀你的人生　　075
　第 5 章　鬥氣的陷阱：贏了場面，輸了自己　　　091

▮ Part 3　成為情緒的主人：修練你的脾氣控制力
　第 6 章　冷靜就是力量：掌控情緒的關鍵時刻　　115
　第 7 章　轉壓力為動力：讓心浮氣躁成為過去式　139
　第 8 章　學會放手：止損是人生的重要智慧　　　159
　第 9 章　情緒思考法：1 分鐘冷靜勝過 1 小時爭吵　183

目錄

■ **Part 4　平靜心態帶來圓滿人生**

第 10 章　放下執念：做個樂觀豁達的生活玩家　　205

第 11 章　清空雜念：心靜才能自在如風　　225

第 12 章　以柔克剛：低頭不是輸，而是人生智慧　　245

序言

　　在人們為了集體或者個人的利益在卯足了勁向前進的過程中，社會變得浮躁，人們變得急功近利，只想成功而無法忍受失敗的心態讓我們的情緒也漸漸變得暴躁。

　　其實公平點說，負面情緒的存在並不能完全歸咎於物質生活的極大豐富，自從有了人類，情緒就隨之產生了。只是可能很多人還沒有意識到自己的壞脾氣所產生的危害，或者意識到了、想要改變卻又不知道該怎麼做。

　　如果你仔細去觀察，會發現，凡是成為了大家眼中的成功人士，他們往往會給人一種沒有脾氣的感覺，相反，越是一事無成的人，脾氣反而越大。其實，能幹的人不是沒有情緒，他們只是善於控制住自己，不被沒有必要的情緒所左右，而這種調控好自己情緒的能力，是源於他們內在的自信與魄力。

　　控制好自己的情緒，它會變成你成功的優秀助攻，控制不好情緒，它會成為你毀滅自己的終極按鈕。像張飛聽說好兄弟關羽被殺，情緒大爆發，鞭打士兵，要他們日夜造兵器，好讓他能早日為兄弟報仇。最後，不堪重負的部下忍無可忍，只好趁他不注意，將他殺死在軍營裡。

　　控制不住自己情緒的人，能力越大反而自身越危險。該

序言

　　隱忍的時候隱忍，該爆發的時候爆發，這才是一個人成熟的象徵。

　　我們生活在這個社會中，不可能不與任何人交流，就自己一個人生活在自己的小世界中，我們要和家人、朋友相處；要和同事、主管相處；也要和餐廳服務生、門市導購員相處。如果不能很好地控制住自己的情緒，去休閒消費的過程會變得不順暢，在公司裡很難得到升遷，回到家庭中也會爭吵不斷。

　　情緒管理是 EQ 中很重要的一部分，而越來越多的人也意識到了 EQ 的重要性。它是我們通往成功的助推劑，即使你不想追求成功，只想平穩地過普通日子，EQ 也是必不可少的，它是我們與他人交往過程中的潤滑油。

　　沒有人天生就會控制情緒，好在這種能力是可以學習的。

　　要學會調節自己的脾氣，我們首先要了解自己的脾氣是從何而來，每個人的脾氣都是不一樣的，我們要用怎樣的方法，讓自己能對自己的脾氣做一個系統的分析？其次，脾氣對我們自身和他人肯定都是有負面影響的，不然我們就不需要去了解和控制它了，那麼它具體對我們會產生怎樣的作用呢？最後，在負面情緒出現時，我們不能隨性爆發，但也不能過分隱忍。什麼時候該發洩？什麼時候該忍耐？什麼時候要合理疏導？

　　這些問題都是我們想要在本書中解決的。希望讀者們都可以在此找到自己想要的答案，並從此收起發脾氣的本能，展現出自己控制情緒的本事。

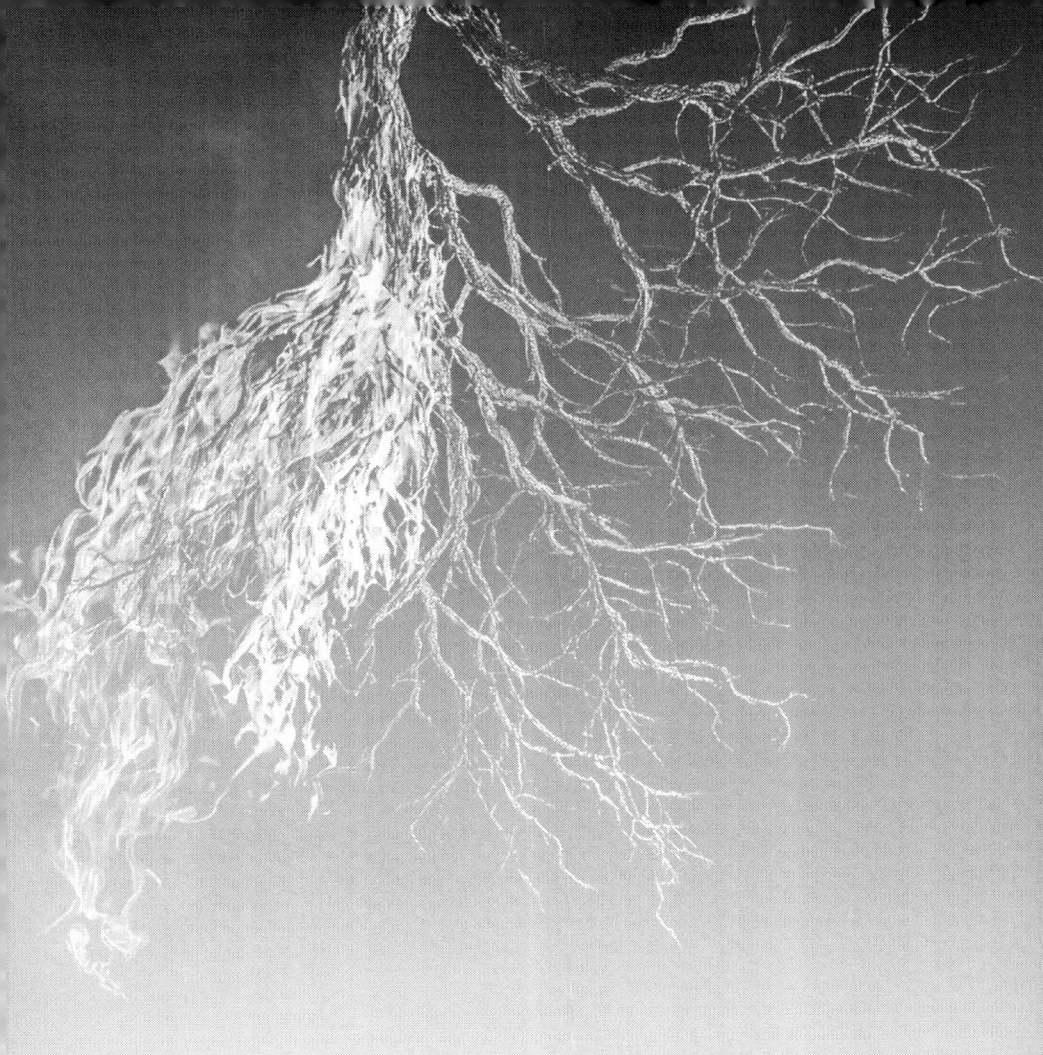

Part 1
壞脾氣的來源

Part 1　壞脾氣的來源

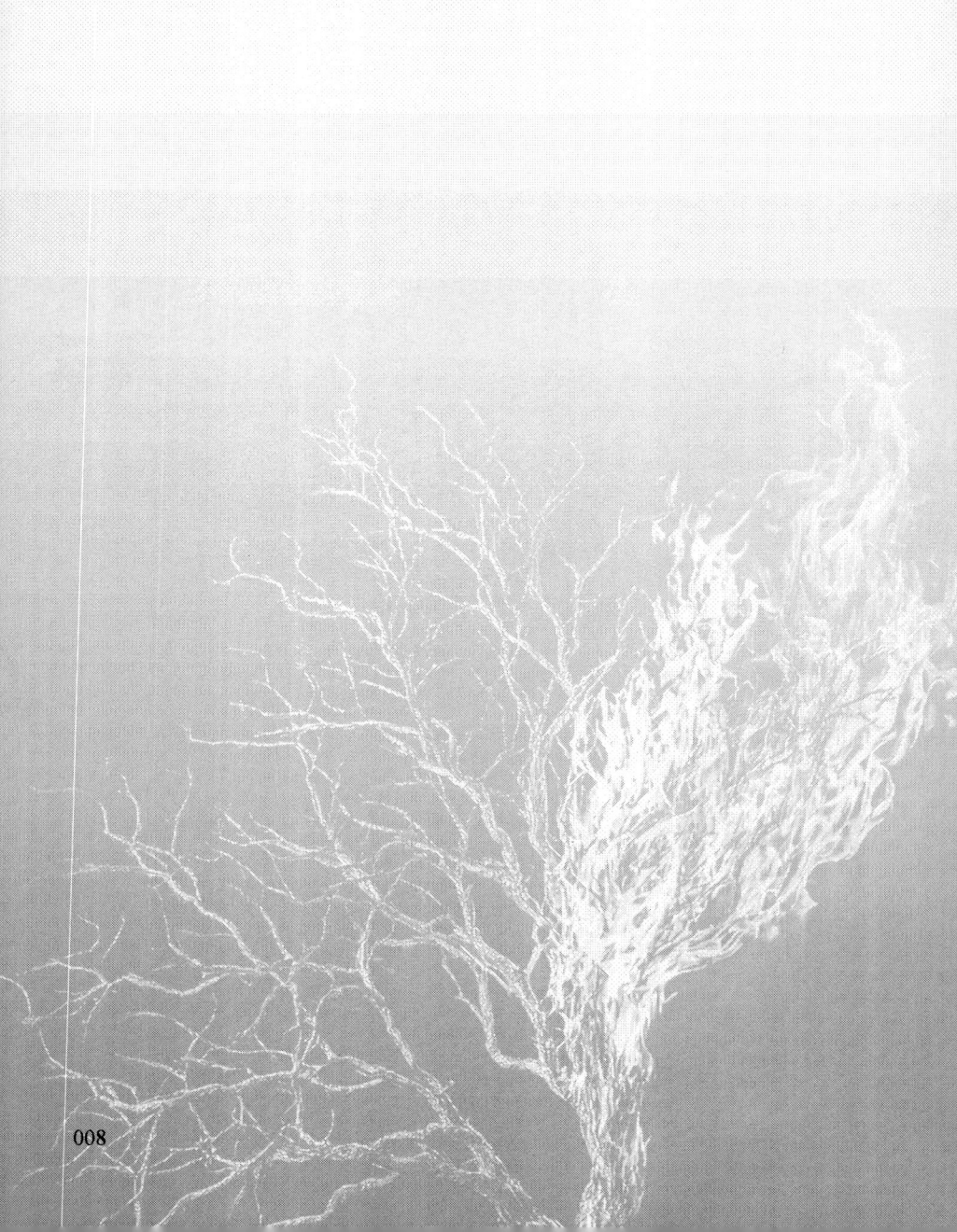

第 1 章
壞脾氣是必經的成長課題

第一節：你了解自己的情緒嗎？

拿破崙曾經說過，能控制好自己情緒的人，比能拿下一座城池的將軍更偉大。情緒管理是人類掌控自己的重要方法和手段，要進行情緒管理的前提是了解自己的情緒，你了解自己的情緒嗎？

可能有一部分人根本意識不到自己的壞脾氣，只當作是自己是真性情，另外一部分人知道自己的脾氣很壞，但就是沒辦法與自己和解。下面我們先來講一講要怎樣了解自己的情緒。

了解自己的情緒分為兩個方面，其一是了解自己現在的情緒；其二是反思自己之前的情緒。

關於了解現在的情緒，思考肯定是必不可少的，一些沒有思考習慣的人往往不會克制，只一味地順從自己的感性思維，面對事件的第一反應就這樣毫無保留地流露出來，是便會出現因為挫折而悲傷，因為成功而喜悅，因為別人與自己意見不一致而憤怒的情緒。這時我們要思考一下，自己出現這種情緒的原因是什麼，包括導致這種情緒的事件和自己面對這件事時的

Part 1　壞脾氣的來源

感受，這是了解自己情緒的第一步。另外，在負面情緒即將出現時，我們不要順從它，要想清楚自己接下來要做的事情，再繼續做下去。這樣就能做到不理它，從而為戰勝它做準備。最後，我們要思考清楚自己的負面情緒對自己和身邊人的影響，想想順著自己的情緒做了一些事後會不會後悔。

對於反思以前的情緒，首先還是要知道這整件事的來龍去脈，另外，回想自己在整個過程中的表現，這些表現所展現出的情緒。這些情緒應不應該出現，如果不應該，為什麼沒有克制住。思考明白這些問題就能更好地了解自己的情緒。

了解自己情緒的目的是為了盡量去消除壞脾氣，修身修德，養身制怒。自古以來，名人高士們都懂得控制自己的情緒。

就像《世說新語》中的藍田侯王述，他的脾氣非常暴躁，性格很急。有一次吃雞蛋時，他用筷子去戳，結果雞蛋很滑，他沒戳中，就勃然大怒，將雞蛋扔到地上。雞蛋沒破，他又氣急敗壞地去踩雞蛋，沒踩到，王述氣得把雞蛋撿起來扔進嘴裡，嚼碎了又吐出去。性急如此，已走向一個極端，但是好在他意識到了自己的情緒問題，為了克服這天生的爆脾氣，他每逢動怒就面壁思過，思考整件事的起因、經過、結果、自己在不順從情緒的情況下應該怎麼做。

有一次，一個叫謝奕的人因為在某件事上對王述極其不滿，上門興師問罪，大聲辱罵王述，如果王述讓自己的本能情

第1章　壞脾氣是必經的成長課題
第一節：你了解自己的情緒嗎？

緒占了主導地位的話，他肯定會和謝奕對罵甚至是對打起來。但他沒有那樣做，而是去面壁思考，任憑謝奕在眾目睽睽之下罵了半天，直到謝奕走了，王述才又坐了下來。

位高權重又脾氣暴躁的王述經過自我訓練亦能忍受住這種謾罵侮辱，我們普通人就沒有辦法控制自己的情緒嗎？王述從本質上來講也不過是凡人一個，但是就因為他能學會控制住自己的情緒，因而成為了歷史名人。所以，只要找對了方法，情緒是可以被控制的。

情緒有正面情緒和負面情緒之分，正面情緒當然是我們鼓勵出現的，我們現在重點來講的是負面情緒的認知和控制，其實我們需要承認，即使是控制得再好，負面情緒也不可能永遠不再出現，所以我們的目的並不是要將負面情緒徹底消滅掉，而是跟它成為朋友，讓它不再為難我們，以致給我們的生活帶來不便。下面我們就來認識一下我們這個「朋友」出現的原因。

負面情緒出現的一個很重要的原因是挫折，挫折是當個體從事有目的活動受到障礙或干擾時所表現的情緒狀態。沒有考上理想的大學是一種挫折，沒能如願從事自己喜歡的職業是一種挫折，閒聊時提出的想法不被朋友所接受也是一種挫折。一個人越是好強上進，越是敏感細膩，就越容易感受到挫折。而挫折會造成心理上的一些負面反應，比如用攻擊的方式來發洩憤怒的情緒。自信者往往會直接攻擊，自卑者卻常把攻擊的矛頭對準自己，或者遷怒於別人。又比如說不由自主地產生不

Part 1　壞脾氣的來源

安的情緒，自信者經歷太多次的挫折，也會慢慢地失去信心，出現焦慮和自我懷疑，而自卑者則會極度不安、自責、自我否定。

挫折情緒不能及時正確的處理會導致人們出現各種消極行為，像是給自己找理由尋求安慰，以自己根本就不想要、身體不舒服或者對手有後臺之類的想法來安慰自己。有時候受到挫折，有些人也會將這種情緒轉化為憤怒，用生氣來發洩悲傷。當然，這種做法是非常幼稚的，就像小朋友得不到心愛的玩具就會耍賴一樣。

不善於處理挫折的人注定無法成熟，年齡不斷增加，但是EQ和心智卻還停留在幾年前。社會發展迅速的今天，加大的競爭壓力增加了受到挫折的機率，造成了現在很多二十多歲的年輕人產生那種不想長大、拒絕成熟的社會現象。所以學會正確的處理挫折，控制情緒已經是刻不容緩的一件事了。

戰勝負面情緒首先要增強對挫折的容忍力，這跟一個人的身體健康條件和生活是否幸福有很大的關係。一個身體健康的人，容忍力肯定要比一個病入膏肓的人高。一個生活幸福的人在遇到挫折的時候，挫敗感會被幸福感掩埋掉一部分，再加上身邊朋友、家人的支持，很快就能從負面情緒中走出來，生活得相對沒那麼幸福的人一旦遇上挫折，可能會聯想起自己之前失敗的經歷，從而陷入負面情緒無法自拔。

另外，在遇上挫折時，調動大腦中更多的理性思維也有助

第1章　壞脾氣是必經的成長課題
第一節：你了解自己的情緒嗎？

於提升對挫折的忍耐力，冷靜地分析遇到挫折的原因，越客觀越好，如果是自身的不足導致挫敗，就提升自身能力，如果的確是一些其他的不公平因素導致挫敗，就轉變思維，畢竟「天將降大任於斯人也，必先苦其心志，勞其筋骨，餓其體膚，行拂亂其所為」。將所有的挫折都看成是考驗和挑戰，我們才能更好地面對挫折，正視挫折。

挫折是人們在尋求自身發展的過程中必然要面對的困難，戰勝它的關鍵是要從挫折中不斷總結經驗，吸取上次的教訓，最終達到成熟冷靜得面對挫折帶給自己的影響，不讓其干擾到自己的情緒。

能從負面情緒出現的源頭上去找到解決方法當然是最好的選擇，但還是有很多人認為自己就是脾氣壞，就是容易生氣。我們憤怒的原因多半是認為別人做錯了事，而不是自己的過失，所以憤怒就是拿別人的過錯懲罰自己。因為憤怒時人的身心都處於痛苦扭曲的狀態，像激動、躁、血壓上升、心跳狂亂，嚴重時喪失理智情緒崩潰會造成更麻煩的後果。如果你相信事情不是你的錯，而你又為此懲罰自己，這不可笑嗎？諸葛亮三氣周瑜，就是利用對手的憤怒情緒將其置之死地。所以，當你發現別人的錯誤時，正確的方法是設法讓對方了解自己的問題，大吼大叫反而會取得相反的結果。如果你能在與別人爭論時保持微笑，不僅會顯示出自己的涵養，而且更容易解決你們之間的問題。

Part 1　壞脾氣的來源

第二節：大發雷霆，只是你的本能

《烏合之眾》裡有一句話：我們以為自己是理性的，我們以為自己的一舉一動都是有道理的，但事實上，我們絕大多數日常行為，都是一些我們自己無法了解的隱蔽動機的結果。也就是說，人多數時候並不依靠理智辦事。

人生來就是情緒化的，理智只是我們在演化過程中，逐漸發展出來的產物，但層次越高的人，越不容易被憤怒控制；層次越低的人，反而越容易被憤怒牽著鼻子走。費斯汀格法則說生活中的 10% 是由發生在你身上的事情組成，另外的 90% 則是由你對所發生事情的反應所決定的。你控制不了開頭的 10%，但你可以決定剩下的 90%。

國外某野生動物園中，一名女遊客因為跟自己的丈夫爭吵，在虎區私自下車，導致被老虎拖走，受了重傷，丈夫從駕駛位衝出來解救，但猶豫了一下又返回了車裡，因為車裡還有孩子。後座的母親跑出來救女兒，結果被老虎殘忍咬死。就因為她的憤怒，導致一死一傷，她將自己的脾氣當成了行為準則，以自我為中心，全然不顧母親和孩子的安危。

作為一位旁觀者，這類事件的發生讓我們在同情她遭遇的同時，也感到自私與憤怒所帶來的血淋淋的後果。對事件中的女遊客來說，可能與丈夫的爭吵不可避免地發生了，但是如果這時，她能控制住自己的憤怒，或者至少保持一點點理智，

第1章 壞脾氣是必經的成長課題
第二節：大發雷霆，只是你的本能

想到動物園在此區域不准下車的規定，慘劇就完全可以避免發生了。

美國有一對夫妻，結婚後十一年才有了一個兒子，兩人自然對兒子特別寵愛。就在兒子兩歲那年，有天早上，丈夫要出門上班時看到桌子上有一瓶開著瓶蓋的藥水，因為要趕時間，所以他只大聲地告訴妻子：「記得要把藥瓶收好。」然後就匆忙關上門上班去了。妻子在廚房忙得團團轉，忘記了丈夫的叮囑。小男孩對藥水很好奇，一口氣喝光了。雖然後來及時將男孩送到了醫院，但因為服藥過量，最終還是沒能搶救過來。

妻子先是被嚇壞了，不知所措，隨後陷入了深深的自責中，她不知道該怎麼面對丈夫。可是該來的總是會來的，丈夫趕到醫院，看到兒子的屍體，傷心到無以復加。可是這時，他輕輕趴到妻子的耳邊說：「I love you, dear.」（親愛的，我愛妳。）

也許這是簡單到他們每天都會說的一句話，可是此時，要有多大的包容，多深的智慧才能說出這樣一句讓人動容的話呢？

這件事如果發生在我們身上，可能大部分人會選擇去責怪對方，為自己的難過找一個發洩口。可是其實妻子的痛苦不比丈夫少，而且可能有過之而無不及，再去辱罵和責難妻子，兒子也不能復生，而生者只會徒增心塞罷了。我相信，丈夫在剛聽到這個消息的時候在心裡也有責怪過妻子和自己，可是他明

Part 1　壞脾氣的來源

白大發雷霆是自己的本能卻不能解決任何問題，只會讓情況變得更加糟糕。所以他有效的控制住了自己的脾氣，選擇和妻子站在同一方向共同面對這件不幸的事。

生活中不如意的事十之八九，每個人都需要拿出壓得下脾氣的真本事，這件事對任何人都是公平的，不會因為你有權有勢就可以放你一馬，相反，越是階層高的人，越不容易被情緒所控制。

憤怒可以摧毀一個人，也可以成就一個人。無論要成什麼事，你可以隨了自己的本性將脾氣發出來，但是要記得沒有人會容忍你的臭脾氣，每個人都有自己的倔強，你不能忍，很多情況下，會讓你變得不得人心；你當然更可以將自己的脾氣從內部化解，想清楚自己的目的是什麼，用一種更理性的方式達到目的，這樣，你贏得的是掌聲和尊重。

如果說大發雷霆是對不良情緒的一種發洩的話，那麼很多人認為不發洩就等同於壓抑情緒，其實我們並不倡導壓抑，若是強行擠壓，氣球會爆炸，情緒亦然。被壓抑下來的情緒從表面上看好像波瀾不驚，但其實裡面已經翻江倒海了，這樣的做法無異於自我毀滅。但是如果向其他人肆意發洩的話，你以為你發洩過後就會舒服了，但其實一番痛快責難過後，內心仍然是充滿了空洞和虛無，如果後來發現其實這件事跟對方並無關係，那麼又會導致抑制不住的內疚，加重不良情緒。

所以我們其實要做到的是先承認壞脾氣就在那裡，我理它

第 1 章 壞脾氣是必經的成長課題
第二節：大發雷霆，只是你的本能

或者不理它，它都在那裡。我開心時，它會陪我一起笑；傷心時，它會陪我一起哭。我們不要試圖去壓抑或者發洩它，只是感受，無論感覺到什麼都允許它在那裡。接著，我們需要透過「想」的方式，看看能不能將它平息，想自己因為這些事發脾氣有沒有必要。怒傷肝，我們有必要因為對別人憤怒而傷害自己的身體嗎？如果冥想還不能化解這股氣，那我們需要做一些耗費精力的事情將它釋放出去，比如跑步、爬山、吶喊、做家事等等。壓力和怒氣被釋放出去，身體就會產生一種輕鬆的感覺。

我們承認憤怒的本能，可是我們也要找到疏解它的突破口。第一，根據自己的實際情況制定切實可行的運動計畫，可以是有規律的戶外運動，也可以是在家裡邊看電視邊進行的；第二，多做有助於建立自信心的事情，也就是自己擅長的事，如果沒有，那就培養一個；第三，不要將自己孤立起來，多和朋友們聯絡，與外界進行良好的溝通也是保持好情緒非常重要的一步；第四，保持良好的睡眠，不要過多也不要過少，有規律的作息可以有助於保持平衡的心態；第五，列一張清單，將自己覺得開心的事情寫在上面，每天至少做一件。

奧里森・馬登在《一生的資本》中寫到：任何時候，一個人都不應該做自己情緒的奴隸，不應該使一切行動都受制於自己的情緒，而應該反過來控制情緒。無論情況多麼糟糕，你應該努力去支配你的環境，把自己從黑暗中拯救出來。請記住，

Part 1　壞脾氣的來源

無論你處在人生的哪個階段，永遠需要兩種能力 —— 好好說話和情緒穩定。

第三節：正確接納自己的負面情緒

尼爾・唐納・沃許《與神對話》中說：「感受是靈魂的語言，靈魂以感受與你訴說。」

不善於調節自己情緒的人總會有所得失，正面的情緒可以成為事業和生活的助攻，而負面的情緒則會是身心健康的腐化劑。所以在情緒有劇烈變化的時候，我們應該保持清醒的頭腦，嚴防它的大爆發。理論上，人的情緒和其他一切心理過程一樣，是受大腦皮層的調節和控制的，這就決定了人可以有意識地控制自己的情緒，做它的主人。但是如果僅僅是這麼簡單，那我們經常對自己說：「馬上開心起來。」其他負面情緒就可以一掃而空了，諮商師也就都可以失業了。

徹底地說開心就立刻開心是不可能的，但是情緒的確是我們可以調節的。凡事都有一個平衡點，感性過於發達會造成人的情緒化，理性過度發達會出現心理問題。如果我們能夠調整好兩者的關係，那麼情緒問題和心理問題就都能夠很好地解決了。

一個人從出生，就會身不由己地進入一個社會化的過程，為了適應這個社會，父母往往會鼓勵我們採取理智的行為，忽

第 1 章　壞脾氣是必經的成長課題
第三節：正確接納自己的負面情緒

略掉自身的內在感受。而這種經驗在我們長大的過程中一直被強化，長大後，我們更是不斷地向自己灌輸要控制好自己的言行的這種思想，不去探究自己真正的想法是什麼，而是考慮我應該怎樣來獲得他人的青睞。其實，這種自我控制的本身是一種能量的內耗。

理智是我們為了躲避傷害而構築起的一道圍牆，目的是把真實的自己藏起來，這看起來可能很有效率，但是被壓抑的感受、個性、情緒會自動尋求表達的願望，過於壓抑導致的問題會逐漸顯露出來。人們常常花費半生的時間消滅自己的個性來融入這個社會，然後再用後半輩子找回自己。這還不是最慘的狀態，最慘的是以病態心理過完一生，從生到死，不知道真我在哪。

當我們不想面對的某種負面情緒和感受被自己用理性強行壓抑下來後，它並沒有就此消失，而是會進入心靈深處，成為一直在隱隱作痛的傷口，等你很多年之後發現痛苦的病症所在，到那時就早已經病入膏肓了。

情緒作為一種能量，如果過於被克制，它只會像被憋住的堤壩，積蓄著更大的破壞力，悄悄吞噬掉我們的身心健康，不僅每一天、每一分鐘都會過得很辛苦，最終還會在健康方面付出巨大的代價。現代醫學已經證明，癌症的發生與情緒是有關係的。過度控制情緒本身就是對自己的一種攻擊，這也是為什麼很多理智型、壓抑型、戒律型的心理治療方法不僅無效甚至

有害的原因。所以我們要學會接納自己的負面情緒，與之和平相處。

人們總會下意識地否認自己存在的問題，然後用各種方式去掩蓋，但人是騙不了自己的。透過真實地面對自己的負面情緒，我們會發現隱藏在情緒後面的真實的自己。但是如果徹底否定了情緒，我們就會和自己的本質失聯，也是壓抑了一部分的自己，被壓抑的部分越多，我們就會覺得生活麻木、空虛、無聊，進而越來越討厭自己，拒絕承認自己，甚至會想要結束這個毫無意義的生命體，這也是憂鬱症自殺比例很高的原因。

很多人不願意承認或者察覺不到自己在壓抑情緒，但是身體的各個方面都可以為此預警，比如睡眠品質的高低、各個器官的運作是否正常等，這些客觀表現是人的主觀意識不能左右的。世界心理衛生組織指出：70% 以上的人會透過攻擊自己身體器官的方式來消化自己的情緒，其中被攻擊頻率最高的是消化系統、皮膚和性器官。可是一旦情緒沒有被消化，而自己和身邊人也沒有意識到事情的嚴重性，那就有可能造成非常嚴重的後果。

某位歌手親手結束了自己的生命，就在她離開這個世界的前幾個小時，她的好友還在幫她做吃的，趁好友熟睡時，她從樓上跳了下去。

可是關於歌手自殺的原因，至今仍無定論，有人猜測是因為家暴或者失敗的婚姻。她的好友提到了更深層次的東

第1章　壞脾氣是必經的成長課題
第三節：正確接納自己的負面情緒

西──她的個性。經紀人、合作夥伴都提到了她的要強，她從不抱怨自己的委屈，對事業上的追求也事事都要做到完美，以至於每天都是很辛苦的狀態，只有一點點時間留給睡覺。有段時間她太累了，累到吐血進了醫院。從醫院出來沒幾天又投入了新的工作，根本沒有休息調養的時間，對她來說，出院僅僅是身體上的病好了，但是心理上的病卻一直都在加重。其實在這個階段，她的憂鬱症已經很嚴重了，不過憂鬱症是那種不仔細觀察就發現不了的病，所以她的朋友們也都沒有想到這。

她的朋友說過，她很少跟別人談論她內心不愉快的一面，總是將自己層層包裹起來，因為她不想當那個被關心的角色，她只會去關心別人。她的很多事情，像是離婚、再婚，很多朋友都是透過媒體才知道的，在她生命的最後幾個月，她和這些朋友都失去了聯絡。

她的婚姻出現問題，大不了就離婚，不至於走上那條不歸路，而她死後留下了千萬遺產，所以她更不是因為錢財而放棄生命。不接納自己的負面情緒，不允許自己脆弱，壓抑、克制自己的真情實感，可能這些才是悲劇發生的真正原因。

一個人若是與自己真實的情緒、感受失聯了，不僅會傷害到自己的身心健康，也無法與他人建立起真正流動的關係。因為你內在的能量不通暢，那麼你和別人的交流就會受到阻礙。尊重自己最單純的情緒和想法，很多問題都能迎刃而解，逃避問題、拖拖拉拉，就會傷人更傷己。當一個人超越自身的真實感受，只片面地強調道德，忽略了自身生理和心理的承受能

Part 1　壞脾氣的來源

力，過度的自我控制，最終的結果只能是毀掉自己。

正確接納自己的負面情緒就是對自己說真話，面對真實的自我，讓情緒自由在體內流動，而壓抑情緒歸根結柢還是因為恐懼，可是越壓抑越容易爆發，越恐懼越難迴避。拒絕了情緒，也就拒絕了生命的活力和愛自己的正確方式。

所謂的正面和負面情緒都是人為定義的，這個世界上並沒有不好的情緒，只有不被尊重的情緒。它是一名送信人，每一封信都來自我們內心，如果我們對送信人以禮相待，他送完信就會走了，可是如果我們關門謝客，送信人就會一次一次地不請自來，白天不開門，他就晚上再來，直到你收了信，讀了信，理解了信為止。信的內容越重要，送信人就越是忠於職守、盡心盡力。因為這封信包含著我們內心深處真正需要的東西。所以當有些人問如何才能消除負面情緒的時候，我都會告訴他，這不可能，也沒有必要。

情緒的本能反應，雖然有時候會讓我們感覺很難受，但從另一個角度看，這也是對我們的保護，情緒就像我們的心理皮膚一樣，保護著我們身心的安全，沒有情緒，我們在日常生活中根本沒有辦法趨吉避凶。就像痛感，受傷時我們會想如果自己體會不到疼痛的感覺就好了，可是如果沒有它，我們碰到火時不會躲，看到刀時不會閃，身體流血不止也不知道，該要怎樣來保護自己的安全呢？所以，接納自己的負面情緒就是撐起了一把身心保護傘。

第 1 章　壞脾氣是必經的成長課題
第四節：情緒週期就是脾氣的「晴雨表」

第四節：情緒週期就是脾氣的「晴雨表」

我們每個人在長大的過程中都或多或少地經歷過一些痛苦的回憶，小時候的痛苦可能是媽媽不讓自己吃棒棒糖，長大後的痛苦可能是當眾出醜的尷尬。出於趨吉避凶的本性，我們會選擇性地遺忘讓我們感覺到痛苦的那件事，可是不論我們忘記的有多徹底，當時那種難堪、傷心、憤怒還是會躲藏在我們的潛意識中，時常跑出來騷擾一下我們。因為我們早已經忘記了那件事，所以我們的煩躁不安通常連自己也不知道是什麼原因。那麼這種痛苦感受是隨機跑出來的，還是有規律地跑出來呢？

十九世紀，英國醫生發現了一個奇怪的現象，有些患有頭痛、精神疲倦的病人，每隔 28 天就會來治療一次，於是將這種現象稱為「情緒週期」。在一個週期中，情緒高漲的時候，你看到的一切都像是加了柔光特效一樣，周圍的一切都那麼可愛、唯美，你做的事情每件都很順利，心情也如踩在棉花糖上一般；情緒低潮時，你恨不得就自己一個人待著，哪也不想去，一身的晦氣，做什麼都成功不了，買個菜都少 100 克。

就像一天之中有白天也有黑夜一樣，人的情緒變化也有週期，它反映了人體內部的週期性張弛規律，我們可以用製表的方法知道自己的情緒週期。以一年中某個月為例，縱座標為 1 號、2 號、3 號……30 號，橫座標為不同的情緒指數，包括興

Part 1　壞脾氣的來源

高采烈、愉悅快樂、感覺不錯、平平常常、感覺欠佳、傷心難過、焦慮沮喪。每天晚上花點時間想想當天的情緒，在與之相符的一欄打上記號。過些日子，把這些記號連線起來，你就會發現一個模式，你情緒變化的一個週期性規律。將記錄再多持續幾個月，你就能掌握自己情緒的高潮和谷底時期了，從而根據自己情緒的變化來調整自己的行為。情緒高昂時做一些難度較大、較繁瑣的工作，情緒低落時，鼓勵自己，這種情況很快就會過去。

丈夫在出門前與妻子因為一些微不足道的小事吵了一架，心情非常差，可是他作為部門經理，上午要和一位非常重要的客戶見面，這個過程不能有半點疏忽。所以他「強顏歡笑」，逼自己精神百倍、談笑風生。結果意想不到的事情發生了，與客戶見完面之後，他的心情還是很好，不再受早上的影響了。之後他打了一通電話給妻子，兩人和好如初。

有人說：你對它哭，它就對你哭，你對它笑，它就對你笑。故事中的主角就是因為對著生活的鏡子笑，結果不僅順利地完成了會談，與妻子也重歸於好。美國的心理學家霍特指出，如果一個人假裝某種心情做事，往往就能收穫這種心情，即使是假裝開心，裝著裝著就真的會開心起來。

情緒與我們每個人都密切相關，它的發展和變化是因為人物、時間、地點事件的不同而產生的。情緒在制約著我們，也在成就我們。要管理好自己的情緒，就必須對情緒做出真正的

第1章　壞脾氣是必經的成長課題
第四節：情緒週期就是脾氣的「晴雨表」

了解。關於「情緒」的確切含義，心理學家和哲學家已經辯論了一百多年。情緒是指伴隨著認知和意識過程產生的對外界事物態度的體驗，是人腦對客觀外界事物與主體需求之間關係的反應，是以個體需求為仲介的一種心理活動。

雖然關於情緒的定義有二十多種且不盡相同，但是它們都承認情緒是由以下三種成分組成的：1、情緒涉及身體的變化，這些變化是情緒的表達形式；2、情緒涉及有意識的體驗；3、情緒包含了認知的成分，涉及對外界事物的評價。

男人和女人身上影響情緒週期的因素也是不一樣的，男人的情緒週期與工作中的壓力和生活中的挫折及身邊麻煩事的發生有關，一些狀況會影響他們的情緒，使他們被焦慮控制，也會影響到他們的創造力和對事物的敏感性、理解力以及情感、心理方面的一些機能。如果不了解男人的這一特性，女人有時會覺得心愛的男人有時會疏遠自己，甚至不願意跟妳說話，當妳主動接近他時，他的反應有時也是比較沉默的，如果妳以為他這是不再愛妳的表現，那就大錯特錯了，這只是他情緒週期中的低潮期罷了。由於男人的社會責任比女人更重，有時候這種超常的壓力，隨著男人年齡的增加會使週期反應不亞於女人的生理週期。這時候，作為他的紅顏知己，最應該做的就是關心和理解他，防止對他施加更大的壓力。

而女人的情緒週期是和生理週期有著密不可分的關係，在月經來臨前一個星期左右及行經期間，女人身體通常會感覺到

不舒服，如腹脹、便祕、食慾增加、容易疲倦、體重增加等，有些人還會出現沮喪、神經質和容易發脾氣等症狀。這些被稱為「經前症候群」，其主要原因是和體內的荷爾蒙變化有關，一旦體內的雌激素、腎上腺素等荷爾蒙出現了變化，將會馬上影響到心理情緒和生理上的改變。

情緒使我們的生活多姿多彩，同時也在影響我們的生活和行為，當情緒週期中的低潮來臨時，最好加以調節，讓情緒不要給我們的生活和身體帶來壞的影響。下面就介紹幾種調節方式：

1、用表情調節情緒，上文中也說過，「強顏歡笑」也可以為我們帶來真正的歡笑，這是因為憤怒和快樂的臉部肌肉會使個體產生相應的體驗，憤怒的表情可以帶來憤怒的情緒體驗，所以當我們煩惱時，用微笑來調節自己的情緒是個不錯的選擇。

2、人際調節，人和動物的區別在於社會屬性的不同，我們可以和朋友溝通，當情緒不好時，向周圍的人求助，與朋友聊天、娛樂可以讓你暫時忘記煩惱，而與曾經有過共同的愉快經歷的人一起則可以使你想起當時愉快的感覺。

3、環境調節，優美的風景能讓人心情愉快，骯髒的環境讓人煩躁不安。當你根據自己的情緒週期算出即將進入低潮期時，可以選擇去一些環境好的地方，在大自然中，心情自然而然會得到放鬆，也可以去那些曾經開心過的地方，記憶會促使

第1章　壞脾氣是必經的成長課題
第四節：情緒週期就是脾氣的「晴雨表」

你想起曾經發生過的愉快的事情，從而緩解煩躁的感覺。

4、認知調節，人之所以有情緒，是因為我們會主觀的對事情做出不同的解釋，對同一件事情，不同的人也會有不同的看法，產生不同的情緒反應。所以我們可以透過改變我們的認知來改變我們的情緒。比如：看到火車、飛機等這些遠途的交通工具時，我們可能會想起自己或別人身上的離別場景，從而感同身受。我們可以試著從另一個角度來看待這個問題，改變我們刻板的看問題方式。火車和飛機上的旅人是以開心的心情去外出遊玩或者回家，這樣我們就會想到一些開心的場景，情緒自然也好了起來。

5、迴避引起情緒的問題，如果有些引起不良情緒的問題，我們既不能改變自己的觀點，又不能解決，就可以選擇先暫時逃避問題，不去想它，等情緒穩定下來了，再去解決問題，而且有時候解決問題的方案會在從事其他事情時不經意地想出來。

得知了自己的情緒週期，再根據週期去調節自己的情緒，預防情緒低潮期對自己身心的不良影響。只要能掌握了自己情緒的規律，就可以對症下藥，將負面情緒的損害降到最低。

Part 1　壞脾氣的來源

第 2 章
脾氣背後的祕密：情緒從何而來？

第一節：脾氣不是憑空產生的

很多時候，我們認為痛苦的來源是我們自身的負面情緒，所以我要想辦法去處理、抵禦它，我們假裝自己很好、很理性、很成熟。但即使再壓抑，外部世界周圍發生的一些人和事還是會引爆我們的負面情緒。於是我們花費更多的生命能量來處理這些情緒，殊不知這正是導致我們容易衰老、生病、死亡的罪魁禍首。年輕時，我們有充沛的精力控制這些情緒，但是由於能量的大量分散，我們很容易感到疲勞，感到生活和工作的效率低下，無法專注。

通常我們認為是外面的人和事引發我們的情緒，比如上班遲到，我們被主管罵，會覺得自己很委屈，因為我們覺得遲到不是自己的錯，是因為火車誤點了，路上塞車了。我們出門晚了是因為昨晚睡眠不足，睡眠不足是因為要照顧生病的小孩，小孩生病是因為喝了變質的奶粉，而變質奶粉的生產是因為牛奶從工廠送來的過程太久了，送牛奶的過程久是因為牛進擠奶間晚了，乳牛遲到是因為吃了有害的草，所以我遲到是因為有害的草。

如果按照上述理論的話,那我們所有的情緒變化都是外界引起的,沒辦法轉化思維,但實際上情緒是來自於我們的內部,我們的外在世界其實是我們內部的投射。這樣的好處是我們可以自己真正的從內部著手,支配我們的情緒。

情緒看起來很多,但實際上我們可以把它歸納成兩個:愛和恐懼。這是所有情緒的源頭,複雜情緒是由者兩個簡單情緒演變而來。而要更深入地分析情緒的產生,我們首先要明白身體的三個管理系統──神經系統、免疫系統和內分泌系統。

神經系統有點像通訊、網際網路和新聞媒體,它能快速反應,指揮日常活動。出現問題能迅速回饋訊息,馬上做出反應。

免疫系統像司法部門和軍隊,負責抵禦外來入侵和內部治安,消滅外來的病菌病毒,清除死亡或病變的細胞等。

內分泌系統就像政府部門,它有兩套工作流程,一套是既定流程,一套是對應流程。既定程式是基因裡自帶的,沿著生命的過程工作,到了人體生長、繁殖、老化的各個特定時期,由大腦中樞簽發指令,內分泌器官負責分泌出特定的荷爾蒙,然後再把這些荷爾蒙運送到身體各個部位,傳達到特定的細胞,完成特定的工作,如生長發育、生殖等過程。

應對流程是在生命的過程中,遇到不同的環境,讓身體做出相應反應的。它也是由大腦中樞根據具體情況簽發臨時指令,發送給內分泌器官,這些內分泌器官根據指令,臨時分

第2章 脾氣背後的祕密：情緒從何而來？
第一節：脾氣不是憑空產生的

泌出相應的荷爾蒙，傳達給身體細胞，完成或執行一些臨時措施。

在原始社會時，人類的生活是簡單且固定的，就是飲食、生存、繁衍。這時的外界環境變化也有一定的規律，所以基因也是根據這些因素所確定下來的。這時身體的三個管理系統步調一致，指令統一，相處和諧，工作上也配合默契、有條不紊。後來，人類進入了文明時期，我們有了文化的傳承，背上了道德的包袱，受到了觀念的制約，人類的思想和行動也就開始複雜了起來，我們在物質世界的基礎上憑空開闢出了一個精神世界，開始有了七情六慾。從精神世界進行劃分，我們現在的生活大概可以分為三種：平靜狀態、情緒狀態和緊迫狀態。

平靜狀態是我們的正常狀態，在精神健康的情況下，這種狀態占據我們生命中的大多數時間，在這種狀態下，我們的各個機能都可以正常發揮，體內的各個器官協調一致，效率最佳。

情緒狀態是我們的精神機能和肌體機能在不太協調的情況下所處的狀態，是我們有了思想文化和道德觀念後才「衍生」出來的。動物們沒有情緒狀態，情緒是智慧的人類獨有的。對我們每個人來說，都有一個外在的客觀世界，一個內心的主觀世界。我們的主觀世界裡存放著我們過去經驗記錄下來的東西，也記錄著我們想像出來的事，還有根據我們的思想、道德、觀念等創造出來的。

Part 1　壞脾氣的來源

　　當我們集中注意力做一件事時，我們所有的精力都在和外部世界打交道，身體的各個器官會將工作開展得有條不紊。當我們閒下來時，我們內在的主觀世界就會占據身體的主機板，我們的腦海中會閃過一些念頭或者回憶一件事情、分析一些道理、想像一種情景。這時，我們的腦海裡就像是在看一部電視劇，或者聽一部小說，視覺、聽覺、味覺、觸覺、嗅覺等都會參與進來。

　　這些精神過程在我們看來非常正常，在白天，我們稱它為想像，在晚上，我們稱它為夢。它是我們意識活動的一部分。我們在現實生活中看到的畫面、聽到的聲音等，傳給我們的大腦後，經過大腦的處理，會作用於我們的潛意識，潛意識根據既定的程序，會協調和管理身體做出相應的反應。

　　西方的專家們曾經做過一個實驗：讓兩支水準相當的籃球隊做投籃練習。其中一隊在籃球場練習投籃動作，另一隊每天在自己的想像中練習投籃動作，體驗投籃的感覺，想像命中的場景。經過一段時間之後，測驗兩支籃球隊的投籃命中率，竟然發現他們成績的提高幅度是一樣的。

　　我們的潛意識依據這種想像來協調和管理身體做出相應的反應時，會和平時的「正常工作」一樣，指揮身體分泌出相應的激素，透過激素激發相應的細胞採取行動。當這些激素派送給相應的細胞後，細胞在做出反應之前還要向神經系統進行申請，讓它釋出催促其他器官配合行動的指令。神經系統的活動

第 2 章　脾氣背後的祕密：情緒從何而來？
第一節：脾氣不是憑空產生的

又牽動了大腦意識。大腦意識是非常理智的，在釋出命令之前，它會重新核對一下各個器官的活動是否正常。這時，意識會發現這是想像力作祟，身體並沒有要真的做出動作，於是神經系統立刻發出中止的命令，組織細胞的行動。我們的身體如夢初醒，瞬間又回到了正常狀態。

身體的其他器官都恢復到了正常狀態，但是內分泌系統生產出來的激素卻還在身體裡流動著。我們習慣把這個激素的產生、阻止和疏導的工作，在心理學上成為情感和情緒。把這些激素用我們認為合理正常的方式發洩出去，我們就稱之為情感，如果用不正常不合理的方式發洩出去，我們就稱之為情緒。

因此，正確處理掉這些剩餘激素就是我們心理健康課題所研究的重點內容。既然是過剩的能量，我們就可以用消耗的方式進行疏導。消耗的方法之一就是運動，也就是說我們可以透過適量的運動達到平衡情緒的目的。

緊迫狀態是我們遇到壓力或危險時，我們的身體會自動進入的一種特殊狀態。在這種狀態下，我們的身體會發生一系列變化，血壓上升、心跳加快、呼吸急促，各條神經好像都繃得很緊。身體在這種時候會分泌出應急的激素，來動員身體裡能動員的各個部分，來共同應對這種緊急情況。這時，身體的正常機能就會或多或少地停止了，嚴重時會嘔吐、大小便失禁甚至喪失記憶。但其實緊迫狀態在日常生活中是很少出現的，持

續的時間也往往很短暫。我們大多數時候都出於平靜狀態和情緒狀態。

情緒狀態不是人們生活的理想狀態，所以，我們一直在千方百計地避免情緒的出現，一般淡淡的情緒我們都用表情表達出來，當情緒比較濃烈時，表情解決不了問題了，我們就需要用活動來釋放，像唱歌跳舞、琴棋書畫、散步逛街、打牌聊天等等。這些對生活有利或無害的平衡情緒的活動，我們都稱之為良好的生活習慣。

很多時候我們都是不願意活動，所以我們要盡量避免情緒的出現。可是我們生活在這個世界中，很多時候是沒辦法避免情緒出現的，一旦它出現，逃避的方法就不再適用，而是應該在它剛露出苗頭的時候，將其消滅在萌芽狀態。

想要控制情緒，我們要做到樹立科學的世界觀和人生觀，不要以自己的標準來看待事物和看待他人，要承認不同、容忍不同，這樣就能少產生情緒；當察覺到自己有了情緒時，不要壓抑它，要心平氣和的對待它；根據情緒的大小，做適當的運動，小到深呼吸，大到做劇烈運動，把它消耗掉就行了；在情緒還沒有出現的時候，就要先給自己培養一個與運動有關的愛好，比如唱歌、跳舞、打拳等，這樣的「情緒大掃除」有益於身心健康、預防情緒低落。

第 2 章　脾氣背後的祕密：情緒從何而來？
第二節：情緒源於生活，但高於生活

第二節：情緒源於生活，但高於生活

　　42 歲的男子姚某在與妻子離婚後帶著兒子在火車站附近開了一家麵館，春節剛過，工讀生還沒來上班，他就自己一個人在店裡忙。22 歲的男子胡某帶著兩個同伴到姚某的麵館吃飯，三人要了三碗乾麵，結帳的時候，菜單顯示每碗麵 25 元，但姚某要求按 30 元結帳。

　　另外兩個人沒說話，但是胡某抗議說，菜單價 25 塊，幹嘛要按 30 塊付？姚某怒吼道，我說幾塊就幾塊，吃不起別吃！於是兩人開始爭吵了起來，還動了手。因為體型相差懸殊，胡某兩次被姚某掐住脖子抵在牆上，但是被兩個同伴勸開了，在第二次勸開後，胡某衝向砧板，抓起菜刀向姚某砍了過去。

　　這件事最初只源於 5 塊錢，胡某也不差這 5 塊錢，大概是姚某的態度讓他覺得控制不住的生氣。而姚某，可能是因為自己一個人在麵館裡，太忙了，所以就沒有注意到自己的言行。慘劇的發生不止是一個人的過錯，如果姚某在三人點餐前就向其說明漲價的事情，如果胡某控制住了自己的情緒，給了麵錢直接走人，如果姚某在胡某已經生氣之後，用緩和的態度向他解釋漲價的原因，可能以上說的「如果」其中一條發生了，慘劇都可以避免了。就是因為衝動，為了賭這一口氣，讓一個兒子失去了父親，胡某也為此付出了生命的代價，值得嗎？

　　情緒與修養和格局息息相關，脾氣大的人修養低，脾氣小

035

的人修養高，修養高的人可以控制住自己的情緒，而不是被情緒控制住。如果一個人每天想的事情就是日常瑣碎事，那麼你遇到瑣碎的小事時，就會有情緒，因為你不知道這世界上還有很多比這些瑣碎事更大的事情，這就是所謂的格局小。當你的格局超過雞毛蒜皮的小事時，對於瑣碎事，你只會微微一笑，然後走開。韓信受胯下之辱時肯定也是不高興的，但他只是一笑而過，因為他的格局不是當一個無賴，與無賴糾纏會降低自己的身分，所以韓信贏了。所以，動不動就發脾氣並不能說明你是個有個性的人，只能說明你缺少修養。

在上文中我們說過，人在大多數情況下都處於平靜狀態，偶爾會有情緒狀態和緊迫狀態，但這三種狀態之間其實是可以轉化的。在這裡，我們重點討論情緒狀態。雖說情緒的根本原因是來自於我們內部的主觀意識，但是它是受到生活中的直接刺激才會出現的。其中很大一部分來源於壓力。

我們在勸誡自己要打拚時曾對自己說，眾生皆苦，每個人都有各自的原罪要承受。然後就接著在自己的職位上努力奮進，忍受著來自各方面的壓力。努力奮進是對的，但是在承受壓力方面，我們一定要提醒自己量力而為。一些成功的人的確是承受著常人難以忍受的壓力，但那不是所有人都可以承受的了的，一不小心，不僅無望成功，還會讓負面情緒壓抑到崩潰。其實比成功更重要的是，接受作為平凡人的自己。在英雄路過的地方，總得有人站在路旁為他們鼓掌。

第 2 章　脾氣背後的祕密：情緒從何而來？
第二節：情緒源於生活，但高於生活

過度的壓力所帶來的不僅僅是動力，還有身體和心理疾病。由壓力所造成的輕度憂鬱可能是一種負面情緒，但是如果再繼續下去，它所造成的嚴重後果可能是你所難以承受的。截至 2023 年，全球約有 2.8 億憂鬱症患者，而且這個數字呈現逐年增加的趨勢，它也已經成為全世界共同重視的疾病，在快節奏的現代社會裡，**憂鬱離我們的距離似乎越來越近**。

在憂鬱症患者的眼中，被視為威脅的事件長久不能消失或者極其難以應付時，恐懼和焦慮的情緒就會持續不斷的出現，而這些情緒又會引發出根深蒂固的自我否定和自我厭惡，自我評價越來越低，思想由於受到恐懼和焦慮的影響逐漸轉變為負面思維，越來越不受控制，這種境況長時間得不到緩解，**憂鬱症就會全面爆發**。

我們認為，所有的情緒問題和心理問題，本質都是自身強大的獨立精神的失落。它是人基於適應環境求生存的本能，在大腦本能心理作用的基礎上，透過周圍環境的人文教育，對生活環境中的文化產生認同或排斥，從而主觀建構出來的。它來源於生活，但是又高於生活，它是生活中簡單因素混合之後的複雜衍生品，我們可以透過自身的調節而對它產生影響。

當負面情緒產生的時候，可以考慮採取以下措施，當然我們這裡所提出的建議只是針對負面情緒，如果已經嚴重到**憂鬱症、躁鬱症**等疾病時，還是需要到專業的機構及時就醫。

首先，有些已經意識到自己的情緒出現問題的人可能會告

訴自己：我得讓自己開心起來，我現在感覺有點孤獨，我得擺脫這種感覺。可是情緒正常的人會說：週末我要約朋友出來逛街。

前者只有一個大概的目標，即使意識到問題，想要解決問題，這樣的想法也只能讓自己陷入更深的迷茫之中。而後者的想法更加能從事實上促成改變。兩者的區別就在於是否有帶有細節的計畫。當我們出現憂鬱情緒後，我希望大家能給自己一個更加具體的目標，比如說要去寫一篇文章，和朋友去看一場電影，甚至是去買一件 T 恤。讓哲學家去思考人類終極問題，我們只要認真做好吃喝拉撒。

其次，馬上起身去做些事情或者冥想。立刻去做自己在上一步驟中的計畫，將其付諸實踐，這當然是最好的方式，但是如果具體的事件實施起來是有困難的，那我們找到一個安靜的環境進行冥想也是一個很好的疏解情緒的方式。極大多數人可能都曾經有過：「我完了」、「活著沒意思」、「我該怎麼辦」這樣類似的想法，並且常常陷入進去無法自拔。這種時候，我們可以動動腳指頭，摸一下身邊的物體，總之就是藉助身體的感覺，將注意力放在當下。冥想時可以注意自己的呼吸，將注意力集中在呼吸上，這樣可以有效地將你從胡思亂想中拉回來。

然後，我們要接受自己的情緒。敏感又聰明的人更容易在情緒上有較大起伏，這種人也會比情緒正常的人看待事物更加精準。人無知而快樂，聰明就得面對痛苦，當你看到了痛苦

的真相，仍能保持快樂，這才是大智慧。而敏感的人的創造力和想像力往往比其他人要高出一截，所以有人說在輕躁狂狀態下特別適合藝術創作，因為那時的想像力比以往更加跳躍和豐富。所以要最大化敏感的人好的一面，與不好的一面握手言和，雖然很難，但值得一試。

最後，為自己創造一間安全屋。在情緒低落時，身邊的人總會勸我們，想點高興的事。事實上在這種時候，我們是很難想起開心的事的，如果能想起來，也就不會鬱悶了。但是我們還是要盡力為自己創造一個舒適的環境，即使是在想像中。這個環境可能是你小時候居住過的房子，你在電視上看到的場景，你做客過的朋友家，甚至是你完全虛構出來的一個地方，只要是能讓你感到舒服和放鬆的場景就可以。當負面情緒不斷襲來的時候，你可以在腦海中回到那個地方休息一下，累積些能量。

情緒來源於生活，但不幸中的萬幸是我們可以不用完全受它的擺布，而是要與它和諧共處。

第三節：你是否吸收了他的負能量？

正能量和負能量原本是物理學上的名詞，後人將這兩個詞的含義引申出來，正能量表示人的善，負能量表示人的惡。每

Part 1　壞脾氣的來源

個人身上都有正負兩種能量。在各方壓力紛至沓來的今天，我們身體中積壓的負面情緒一不小心就會化成負能量，負能量既能傷害自己，也能輻射他人。

最常見的負能量傳播方式就是抱怨，我們每個人可能都抱怨過，也聽過別人的抱怨。因為我們都有傾訴的本能，可是當你身邊發生的事情都是不順心的，導致你身上也充斥著負面情緒的時候，你所傾訴的內容自然就變成了對某事情看不慣、受到了不公平待遇等等，將心裡的不痛快說出來也算得上是一種釋放壓力的方式，可是聽到抱怨的人可就不這樣想了。負能量就像一種傳染病，不知不覺就傳染給了別人。

假設在參加朋友聚會時，你和一個首次見面的人閒聊，可是聊天的內容讓你感到自己的能量被消耗。不要猶豫，盡量快速且委婉的告退，走到他能量範圍以外的區域，如果這時你感到長舒了一口氣，輕鬆了很多。那麼恭喜你，你剛剛的恰當告退為自己避免了一次感染負能量的機會。

作為善良的大多數人，我們很多時候都小心翼翼，不想要傷害別人的自尊心，所以寧願持續這場於己有害的對話也不好意思去終止它。但如果你不是強大到對所有外來負面訊息都免疫的程度，離開才是最快且保險的解決之道。

在上面的假設中，我們提到抱怨者是一個初次見面的陌生人，所以我們給他的建議是盡快離開。可是如果向我們傾倒負能量的對象變成了朋友、家人、愛人呢？他們是我們親密的

第 2 章　脾氣背後的祕密：情緒從何而來？
第三節：你是否吸收了他的負能量？

人，如果任其負面情緒累積，嚴重了可能會發展成心理疾病，所以我們不能就那樣走開，也沒辦法直接去打斷他。他們往往很敏感脆弱，你的阻止讓他們的委屈上又平添了一層，可能會變得更加想不開。可是如果不阻止，你自己也不願意聽到這些麻煩事。包括對同事也是這樣，每天都需要在一起相處，想在聽到負能量的話時離開這種做法是不太容易做到的。

這時我們就需要一個保護層。心理治療師及其助手這樣的職業需要常年接觸到情緒垃圾，他們對這些負能量避無可避，只能正面迎戰。所以他們常常採用一種便捷的保護方式，就是想像自己身體周圍有一層白光籠罩著，它能把負能量隔絕在外，同時讓正面的情緒滲入。我們在面對躲不開或者不該躲的負能量的時候就可以採用這種方法。想像保護層在你周圍形成了一層接觸憤怒的安全屏障，負面能量無法透過它感染到你。這是一種技巧而非壓抑感覺，它的目的在於保護自己。

為了鞏固保護層，我們可以每天練習冥想來輔助它。習慣與自己心靈的連結，從開始的幾分鐘，慢慢延長時間。在冥想時，跟隨呼吸，探索寂靜，寂靜不是虛無，是奧祕。雜念是會出現的，但只要繼續專注於每一次的呼氣與吸氣，雜念之間的空間，就是你的內心等待被發現的時刻，它很真實，只說實話。與自己連結越多，你便在深層次了解自己更多，也就越發強大。

無論是從什麼管道感染上的，無可否認，負能量充斥在我

Part 1　壞脾氣的來源

們周圍。所以，如果某天一覺醒來，發現自己突然不想說話，情緒低落，對自己充滿否定，先別急著懷疑自己得了**憂鬱症**，也許你只是被負能量侵襲了。下面淺談幾點將陽光重新帶回到生活中來的辦法：

1、化悲傷為食慾。這不是在開玩笑，研究顯示，甜品能帶給人味覺和心理上的雙重愉悅。也有種說法稱在嬰兒時期，母親大多時候會以奶嘴來安撫我們哭鬧的情緒，久而久之，這就成了我們潛意識中驅散負面情緒的習慣。所以在心情低落時不妨吃些冰淇淋、巧克力或是一頓想了很久卻沒吃的大餐，透過安撫胃從而安撫心。

2、規律的作息。我們大概都曾有過這樣的經歷，工作時連續的拚命讓身體疲憊不堪，好不容易遇到一個長假的時候，常常凌晨還沒有睡，第二天中午還沒有醒，下午叫個外送，打遊戲、追劇、吃垃圾食品一樣都不能少，不這樣過好像就浪費了假期一樣。這樣的生活，看似自由瀟灑，實際時間長了之後，常在等廣告的某個瞬間感到虛無和空洞。

反觀工作的時候，準時睡覺準時起床，不能隨心所欲，卻比放假時多了些健康的感覺。一天之計在於晨不是古人隨便說的一句話，朝陽是最能給人正面能量的，人體內的正能量和負能量此消彼長，正能量多了，負能量自然就被驅散了，所以即使是放假，也不能過度放縱自己，要注意身體和心理的健康狀況。

第 2 章　脾氣背後的祕密：情緒從何而來？
第三節：你是否吸收了他的負能量？

3、讓自己感覺舒服。有時我們早上可以對著鏡子裡的自己說：「加油！今天又是元氣滿滿的一天。」可是晚上回家後卻連換拖鞋都覺得是件困難的事了。這時心情低落可能只是因為你累了，一個熱水澡可以幫助你釋放緊繃了一整天的壓力，如果有時間，還可以去做個全身按摩，既放鬆身心，又排解負面能量。

另外，在時間允許的情況下，做家務也是件不錯的釋放負能量的方式。做家事相當於做運動，目的都在於出汗，出汗過後身體往往會覺得輕鬆，晚上入睡也會更加容易些。另外，在心情不好的時候，看到一個雜亂無章、滿是垃圾的房間，我相信任誰也開心不起來，所以整理房間是一舉兩得的事。一場大汗淋漓的掃除運動過後看到窗臺上的綠植在對著陽光微笑，嘴角大概會輕輕上揚吧。

4、學習新的技能。不為任何目的性的目的，也不催促自己或者制定詳細的學習計畫，只是單純地想要了解更多自己喜歡卻未知的新世界。這種感覺能夠避免自己陷入無所事事的虛無之中。而這不知不覺中的進步所帶來的成就感也能幫助你找到自己人生的價值和意義。吉他、第二外語、繪畫都是不錯的選擇。

5、記錄美好瞬間。寫日記是個不錯的方式，無論多微小的美好都記錄下來，悲傷的事情都忘掉，在日記中用美好的字詞來形容美好的經歷，不久之後，這本日記會成為你正能量的

泉源。不開心的時候可能在腦海裡想不出令人愉快的一些人和事,這本只記錄美好的日記本會幫你做到這點,為你的生活增加很多的信心和快樂。

總之,我們面對負能量的態度就是盡量躲開,躲不開時,可以做朋友的垃圾桶,但是絕不能將裡面的東西都吸收。不為已經過去的事情煩惱,也不為未來的事情費心。活在當下,感受這一口蘋果的香甜,享受它滑過自己食道的幸福感,並以此找到自己的存在感,意識到自己當下,這一秒,是真真切切活在這大千世界中的,這比什麼都重要。

第四節:過後想一想,生氣的都是小問題

一個老和尚養了一盆蘭花,他對這盆淡雅的蘭花呵護有加,經常為它澆水除草。蘭花在老和尚的悉心照料下,長的十分健康,出落的清秀可人。有一次,老和尚要外出會友,便把這盆花託付給小和尚,請他幫忙照看。小和尚也很負責,像老和尚一樣用心呵護蘭花,蘭花茁壯地成長著。

一天,小和尚替蘭花澆過水後放在窗臺上,就出門辦事了。不想天降暴雨,狂風把蘭花打翻砸壞了。小和尚趕回來,看到一地的殘枝敗葉,十分痛心,也很害怕老和尚責怪他。過幾天老和尚回來了,小和尚向他講述了蘭花的事情,並準備接受他的責怪。可是老和尚什麼也沒說。小和尚感到很意外,因

第 2 章　脾氣背後的祕密：情緒從何而來？
第四節：過後想一想，生氣的都是小問題

為那畢竟是老和尚最心愛的蘭花呀。老和尚淡淡一笑，說道：「我養蘭花，不是為了生氣的。」

簡單的一句話，卻道出了一種豁達的人生態度。

我們和家人生活在一起不是為了生氣的，我們工作不是為了生氣的，我們和朋友一起出去玩也不是為了生氣的。但是很多時候，我們還是控制不住自己的脾氣，衝動之下說出了一些傷人的話，等氣消下去之後，回想起來才發現自己生氣的原因竟然是這麼小的一件事，要不就是連自己為什麼生氣都不記得了。

奧理略《沉思錄》中有這樣一段話，每一天開始的時候，我都會告訴自己：我將遇到愛管閒事的人，不懂感恩的人，傲慢狂妄的人，陰險狡猾的人，嫉妒的人和孤僻的人。他們之所以有這樣的惡習，是因為他們分不清善惡。但是，我卻是一個明辯善惡，分得清美醜的人，並且知道染上惡習的這些人的本性跟我沒有什麼差別，我們來自同一個血統，而且具有同樣的理性和神性。因此，我不可能被他們中的任何一個人傷害，因為沒有人能把惡加到我身上，我也更不會跟這些同類的人發火，也不會憎惡他們，因為我們是在一起合作的人，就像我們的雙手，雙腳，眼瞼和牙齒。如果我們相互敵對就違反了自然，等同自尋煩惱，自我排斥。

無論你生活在哪裡，周圍的這個世界永遠不能完全按照你的想法去運轉，同事不會每件事都做的如你所願，鄰居們不會

Part 1　壞脾氣的來源

按照你的期望保持安靜，熊孩子不會按照你所期望的那樣守規矩。每當外在世界和我們所想的不一樣的時候，我們身體裡就會不由自主地升騰出一種憤怒，有些人會馬上歇斯底里地開始咆哮，有些人會觀察周圍的環境是否適合發火，如果不適合就先忍下來。但是這兩種方式都不是解決問題最好的方式。

每件事物的存在都有其合理性，所謂的負面情緒也不例外，正面、負面是我們人為的分類，但是如果知道它的來源，我們就會發現它也並不是那麼「罪無可恕」。

古代時人們的領地被侵犯時，身體裡就會分泌腎上腺素，身體的各個機能都比以往更高，對外界的反應更加迅速，進入了一種「戰鬥」狀態。有了這套憤怒的身體反應模式，在需要自衛的場景裡，人們可以更好地保護自己，獲得生存的權利。於是在演化過程中，憤怒的情緒模式也隨著基因流傳了下來，當我們感覺到被「侵犯」時，就容易產生憤怒。這種侵犯包括物質損失、身體傷害、尊嚴傷害、心理落差等等。

在華人社會裡，生氣是一種胸襟小的展現，韓信受胯下之辱成為我們的學習榜樣，「退一步海闊天空」成為家喻戶曉的名言，成長環境中對於隱忍的讚賞讓我們也獲得了相似的處世哲學。可是這種方式從情緒管理的角度來說是有問題的，因為用理智將憤怒強行打壓下來，這憤怒只是在表面上消失了，實際上，它被寄存在了憤怒者的心裡。

所以，及時發洩掉自己的憤怒在筆者看來是更好的一種處

第 2 章　脾氣背後的祕密：情緒從何而來？
第四節：過後想一想，生氣的都是小問題

理情緒的方式，當然，這種發洩不是讓你對著某人或某事歇斯底里，拳腳相加，發洩要注意方式和管道。

我們首先要正確面對自己的憤怒，告訴自己憤怒是正常的，憤怒說明我們感覺自己受到了「侵犯」，我們要去發現這種被侵犯的感覺是不是一種錯覺，如果不是，我們被侵犯到了什麼方面呢？是身體被傷害了，還是自尊被打擊了？亦或者是自己的大少爺（大小姐）脾氣沒有得到「應有」的尊重？找到自己脆弱的部分，讓那部分開始堅強起來，把每次產生情緒的機會都當成是成長的機會。

當別人生氣的時候，就是展現你風度的時候了，2008 年美國總統大選的第二輪辯論，共和黨候選人約翰‧馬侃對歐巴馬進行猛烈抨擊，歐巴馬卻總是面帶微笑，表現得既沉著冷靜又非常合作，當下已經顯示出一派總統的風範。《紐約時報》和哥倫比亞廣播公司進行的民意調查顯示，馬侃怒氣沖沖的形象給 60% 的選民留下了負面印象，最終的結果大家都知道了。生氣是在給對方擊敗自己的機會，所以它完全沒有任何用處。

生氣也沒有任何好處，現代醫學證明，長期焦慮、憂愁、悲傷、惱怒、壓抑都可能導致精神分裂、高血壓、心臟病、潰瘍、胃病和癌症等，一般我們稱它為心因性疾病。而在疾病的臨床治療上來說，眾多傷員中，勝利者的傷口比失敗者的傷口癒合得要快一些。中醫也認為，年紀大的患者比年輕患者的病好得慢的原因主要就是因為在心理層面上，年邁患者想要康復

的欲望沒有年輕患者的強烈。

情緒與人體健康的關係非常密切。英國的一位醫生對 250 名癌症患者調查發現，有 62% 的人在發病前都受到過強烈的精神刺激。

固執、愛爭辯、急躁、易怒的人最容易得冠心病；如果常年處於慢性壓抑之中，血液中葡萄糖和脂肪酸的含量都會升高，患糖尿病和心血管疾病的機率會增大很多；當人處於沮喪、悲觀和冷漠狀態時，體內的複合胺和多巴胺都會偏低，複合胺能調節人對疼痛的感知能力，所以沮喪會增加人的疼痛感；女性如果在對抗中壓抑自己的怒氣，死於心臟病、中風或癌症的風險會高兩倍。怒火爆發時，由於腎上腺素水準突然大幅度增高，血壓升高、心率加快，對超過 50 歲的人來說突發心臟病或中風的機率會高出 5 倍。

負面情緒會導致疾病的發生，相反，正能量的情緒對我們的身體是有好處的。墜入愛河會使人一年內神經生長因子水準處於增高狀態，這一類似激素的物質會刺激新的腦細胞生長，有助於神經系統的恢復並增進記憶力；開懷大笑會使人卸下多餘的壓力，保護血管內壁，從而減輕心臟病發作的機率。當人哈哈大笑時，需要調動身體內超過 400 塊肌肉，所以還能消耗熱量，大笑 100 次相當於划船 10 分鐘和踩單車 15 分鐘消耗的熱量；愛、感激和滿足這樣的情感會刺激腦下垂體後葉激素的分泌，它會使神經系統放鬆，減輕壓抑感，體內各組織的含氧

第 2 章　脾氣背後的祕密：情緒從何而來？
第四節：過後想一想，生氣的都是小問題

量也會顯著增加，就像經過了康復治療一樣。

就我們整個人生來講，遇到的大事也是屈指可數的，我們日常生活中出現的，讓我們產生憤怒情緒的極大多數都是小事，因為這些小事傷了家人朋友的心，失了風度，還讓自己的身體擁有更高的患病機率，是件多麼不划算的事情啊。所以，從現在開始，平息怒火，換種方式把它發洩出去，成為一個比昨天更好的人。

Part 1　壞脾氣的來源

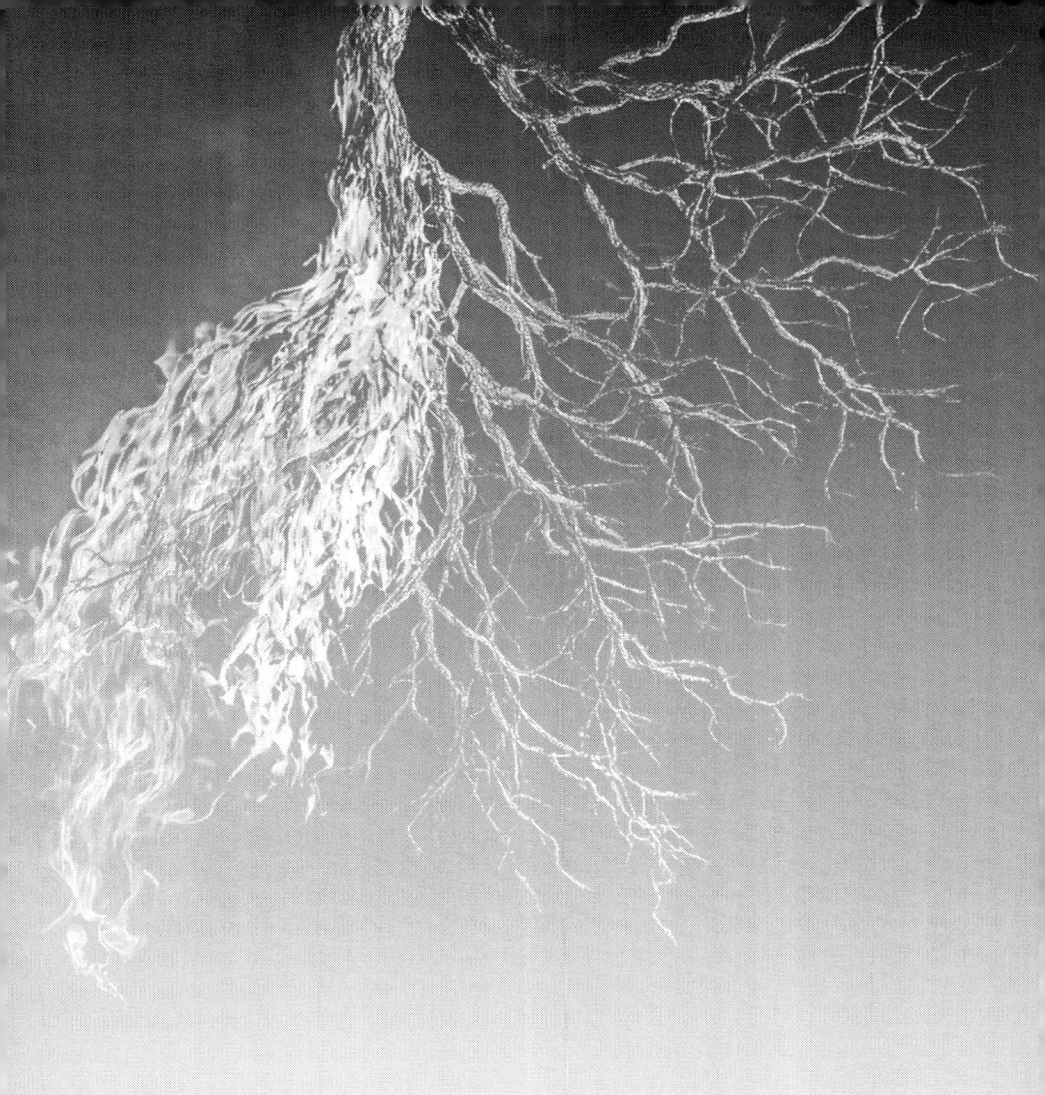

Part 2
脾氣的殺傷力：
別讓它成為你的枷鎖

Part 2　脾氣的殺傷力：別讓它成為你的枷鎖

第 3 章
生氣的代價：
你無法承受的錯誤成本

第一節：99%的煩惱都是在庸人自擾

我們常常因人煩惱，因事煩惱，因語言煩惱。我們自己要有力量轉化煩惱，要轉煩惱為菩提。人會有煩惱是因為無明，無明就是不能明晰世間的規律。煩惱來了要靠自己去化解，別人的勸說、鼓勵，都是一時的，煩惱的病因不去除，就不會有好結果。

煩惱的來源有時是受外界的影響，比如聽不慣別人的話，看不慣別人的作風，還有的是來自自己的內心，像嫉妒、心胸狹隘、易怒等等，其實這些都是自尋煩惱。

有一個人對自己的生活厭惡至極，覺得自己家的環境簡直是世界上最糟糕的，所以他找到了當地非常有威望的神父，希望能得到些建議。「上帝啊，我簡直沒辦法在那樣的環境生活下去了，我和我的妻子，還有我的五個孩子、媳婦、女婿共同生活在一個小房子裡，爭吵不斷，我簡直就要發瘋了，那裡簡直是個地獄，神父，請您救救我吧。」他幾乎咆哮著對神父說。

Part 2　脾氣的殺傷力：別讓它成為你的枷鎖

　　神父認真思考了一會兒，然後問他：「你家裡有家畜嗎？」「有一頭乳牛，兩隻山羊，還有一窩雞。」「你現在就回家去，把這些家畜帶到你的屋子裡，和牠們一起生活。」神父的建議讓他既困惑又吃驚，但是他相信神父會有辦法讓他的生活變好一些，所以，他立刻回到家裡，將家畜都趕到屋子裡。

　　那個可憐的男人幾乎要崩潰了，第二天又跑到神父那裡喊道：「神父，我按照您說的將家畜都趕到家裡，可是生活變得更加糟糕了，我的屋子簡直變成了牲口棚。請您幫幫我吧。」

　　「孩子，回去把雞趕回到原來的地方吧，上帝保佑你。」神父說。

　　男人回到家，將雞趕回了雞窩裡。

　　一天後，他又跑到神父那裡，乞求到：「神父，救救我吧，那兩隻山羊撕碎了我所有的衣服，我的生活簡直就像一場噩夢。」神父平靜地說：「把那兩隻山羊牽回到羊圈裡去吧，上帝會保佑你的。」男人懊惱地回家將山羊牽到了羊圈裡。

　　兩天後，他又去拜訪了神父，他說道：「神父，我按照您說的做了，可是生活反而變得更糟糕了，我的屋子簡直就是牛棚，到處都是牛糞，你絕對想像不到人和畜生生活在一起的樣子。」神父依舊心平氣和地說：「是的，你說的沒錯，趕快回家把牠牽到牛棚裡吧。」

　　隔天，這個人開心地跑到神父面前，說：「天哪，神父，我把所有的動物都趕了出去，才發現原來我的家這樣安靜、寬敞、明亮，我簡直從地獄回到了天堂。」

第 3 章　生氣的代價：你無法承受的錯誤成本
第一節：99% 的煩惱都是在庸人自擾

很多時候我們覺得生活很糟糕，是因為我們很難從已經習慣的生活中發現美好。那個男人的家根本就沒有改變過，神父所做的只是讓他經歷一個比目前更加糟糕的過程，幫助他去發現現有生活的美好。

世界上本來不存在煩惱，人們看到的煩惱往往是庸人自擾。有大智慧的人能從一滴水中看到生命的泉源，能從一粒沙中看到歷史的變遷，能從一棵樹中看到整片綠洲，能從一朵花中嗅到春天的氣息。但是，庸人卻常常會在萬里波濤中看到乾涸，在肥沃的土地上看到荒漠，在森林中看到大火燃燒過後的灰燼，從花朵中看到枯萎。關鍵在於選擇，你想做一個智慧的人還是庸人？

每個人都有過類似的經歷，令人煩惱的事情一波未平一波又起，我們每天都陷在似乎電影裡才會出現的悲劇情節中。但是當你將這些事情說給同事、好友、家人聽的時候，他們的反應卻是「就為了這種小事生氣嗎？」這下你可能更生氣了，覺得這個世界上沒有人真正理解你，委屈、孤獨一股腦地倒在你身上，從此精神枷鎖越箍越緊，弄得你疲累不堪。

可是如果換個角度想一想，不是這個世界與你唱反調，而是你的想法和大家不一樣呢？你所煩惱的那些事其實真的是小事，很多時候我們都會將發生在自己身上的小事放大，甚至反覆品味，每想起來一次就難過一次，小事就在這樣不斷回味的過程中被越放越大了。

Part 2　脾氣的殺傷力：別讓它成為你的枷鎖

　　更加可怕的是，一旦放大自己的委屈和負面情緒成為一種習慣，在生活中，別人的一舉一動你都會往壞處想，別人的微笑你可能認為是不懷好意，別人的誇獎可能是嘲諷。挖空心思去想對方行為中對自己有可能不太善意的地方，可是這樣做是何必呢？將心放寬，無論你煩惱的那些事情是不是事實，都將自己的心保護起來，不要受到那些所謂「事實」的影響，這樣才能快樂起來啊！

　　而且，因為別人說了句自己不愛聽的話就無比煩惱，看到別人做了一件讓自己不高興的事就生氣，這就是上當了。如果有人看你不順眼，就故意做讓你不高興的事，可能你就會被氣死了。因為別人的一個眼神就睡不著覺，因為別人的一個動作就吃不下飯，這樣輕易的就被別人左右，就是缺乏定力的表現。

　　佛光山當初建西來寺的時候，所用的琉璃瓦都要經過測驗，只有能受得了攝氏幾千度的高溫和足夠的壓力才能採用。而煩惱對人們來說也是一種壓力，如果是無謂的小事，我們當然不要放在心上，但是如果真的有煩惱，也不能被一擊即垮。面對煩惱，我們要想出應對的方法。

　　首先，在和人相處的時候，我們不要計較太多也不要過度攀比，很多煩惱都是從比較中來的，自己沒有朋友甲有錢，又沒有朋友乙身材好，更沒有朋友丙事業好，總是看到別人比自己強的地方，煩惱就是這樣產生的。

第 3 章　生氣的代價：你無法承受的錯誤成本
第二節：上帝要讓他滅亡，必先使其瘋狂

　　然後，自己要有自己的正當工作、良好習慣、充實生活、豐富興趣，這些都可以抵擋胡思亂想，重點就是讓自己忙起來，沒有時間去想那些煩惱的事情，結交一些正能量的朋友，所謂近朱者赤、近墨者黑，總是和積極樂觀的人在一起，你也會變得樂觀向上。

　　接著，待人親切友善，常做好事，說好話，存好心，就能減少煩惱，因為你的好心會贏得別人的讚美和尊敬，自然就沒有煩惱了。

　　最後，要常常自我反省，要意識到自己的不足，這樣在面對別人的批評時才能虛心接受。只有看到自己不如別人的地方，才能想著透過提升自己來追趕對方，進行一個良性的競爭。而不是自己想得這樣，自己不比別人差，得到的卻比別人少，認為是這個世界的不公平，自己沒有任何問題。

　　用正心、做正事，不驕不躁，不卑不亢，自然能更妥善地處理生活和工作中的瑣事，煩惱也就會更少了。

第二節：上帝要讓他滅亡，必先使其瘋狂

　　「上帝要其滅亡，必先使其瘋狂」（Those whom God wishes to destroy, he first makes mad.）這句話是古希臘歷史學家 Herodotus(希羅多德) 說的，其原本的見解是：神要使一個人

057

Part 2　脾氣的殺傷力：別讓它成為你的枷鎖

遭難，總是讓他忘乎所以。希特勒瘋狂了，他滅亡了；墨索里尼瘋狂了，他滅亡了；東條英機瘋狂了，他滅亡了。這三位想要獨霸世界的人都滅亡了。俗話說「物極必反」與希羅多德說的是一個意思。

1965 年 9 月 7 日，世界撞球冠軍爭奪賽在美國紐約舉行。路易斯‧福克斯以絕對優勢將其他選手甩到身後。決賽時也非常順利，已經勝利在望了，只要再得幾分他便可以穩拿冠軍了。可是，就在這時，一隻蒼蠅落在了主球上，於是他趕忙揮手將蒼蠅趕走了。可是，當他再次俯身準備擊球的時候，那隻蒼蠅又落到了主球上，這時，路易斯‧福克斯的情緒發生了一些變化，他開始因這隻討厭的蒼蠅不斷落到主球上而生氣。更讓他生氣的是，那隻蒼蠅彷彿是有意要與他作對，只要他一回到球檯準備擊球，那隻蒼蠅就會重新落到主球上來。這時，路易斯‧福克斯的情緒惡劣到了極點，他終於失去理智，難以抑制的憤怒使得他突然用球桿去擊打蒼蠅，結果球桿觸動了主球，裁判判他擊球，他也因此失去了一輪機會。經過這一番折騰，路易斯‧福克斯一下子方寸大亂，在後來的比賽中連連失利，而他的對手約翰‧迪瑞卻愈戰愈勇，迅速趕了上來並將其超越，最終贏了這場比賽。三個月後，路易斯失蹤；隔年五月，人們在河裡發現了路易斯‧福克斯的屍體，他投河自殺了！

一名所向無敵的世界冠軍竟然被一隻蒼蠅給殺死了，這顯然是件非常不可思議的事情。一隻蒼蠅落到主球上幾乎不會影

第 3 章　生氣的代價：你無法承受的錯誤成本
第二節：上帝要讓他滅亡，必先使其瘋狂

響擊球，像路易斯這樣級別的選手不可能不知道這點，可是這隻蒼蠅影響了他的心情。他因為蒼蠅的出現變得煩躁，在幾次都無法將它**轟**走後，他開始極度生氣，結果不小心碰到了球。

如果在裁判裁定他擊球之後，他可以調整好自己的心態，平靜以對，繼續努力保持住優勢，這場比賽也不會輸。可是他偏偏心態崩塌了，在比賽失敗之後，其實他完全可以重新再來，下次比賽贏回來就好了。可能是他將這場比賽看得太重，最終沒有給自己反敗為勝的機會，而是悲劇般地結束了生命。

路易斯的例子可以說是壞情緒造成嚴重後果的典型案例了，若他能有一顆平常心，勝不驕敗不餒，慘劇是完全可以避免的，可惜平常心這件事，對很多人來說，是個嘴上有，心裡無的東西。路易斯在這場比賽之前應該也想像不到自己會瘋狂鑽到一個牛角尖裡出不來吧，可是事情就這樣發生了，他一步一步地被自己逼到了懸崖邊，最後竟瘋狂地認為只有縱身一躍才是最好的解決辦法。

要克制瘋狂就要保持自己的狀態在它的反面 —— 冷靜。在一個物欲橫流、金錢至上的社會中，要保持一顆冷靜的心是一件非常不容易的事，但也並非不能做到。人生就像是一杯水，劇烈的搖晃總會灑出來的，直到將生命的瓊漿玉液全都晃出來。而冷靜的人可以將自己內心的那杯水保護得很好，自然比其他人的內心更豐富。

內心的安靜意味著成熟與對人和事的包容、理解。只要有

Part 2　脾氣的殺傷力：別讓它成為你的枷鎖

一顆安靜的心，就能心胸開闊，坦蕩自然，笑對風雨，享受苦樂相隨的人生。微笑著看世界，生活中的坎坷和陷阱也便成了調味品罷了。

對我們正常人而言，我們肯定認為自己能控制自己的行為。可是實際上，我相信每個人都有過衝動的經歷，在情緒激動的當下，我們以為我們所做的每一個行為仍然出自我們本身的意願，但實際上行為早已失控，進入了所謂的瘋狂狀態。事後回憶起當時的場景，那或許是我們終身難忘的慘痛回憶。

衝動是魔鬼，這是在無數慘痛教訓中總結出的經驗，非常貼切。如果你真的一直為人平和，對此沒有概念，可以看看那些衝動犯罪者們入獄後的懺悔，在生活中衝動所造成的關係裂痕、經濟損失、人身傷害都是無法挽回的。

衝動時的人們缺乏理性的思考，對所發生的事情在判斷上產生偏差，以往的理性、平靜時的想法和所受的教育都淹沒在衝動的浪潮中了。沒有經過冷靜思考就做出的決定是很容易讓人在日後後悔的，因為當時在意的，只是自己能否獲得雙方對峙的獲勝結果，贏得這場為了憤怒而憤怒的戰爭。

任何事情都有兩面性，在看到社會上不道德的事情時，伸出援手的一瞬間往往在我們的情緒中也有「衝動」這種因素的出現，但我們稱這種積極向上的行為為「勇敢」。所以衝動並不能被全部抹殺，只是我們要好好利用它來做有意義的事情，就能取得好的成效。

第 3 章　生氣的代價：你無法承受的錯誤成本
第二節：上帝要讓他滅亡，必先使其瘋狂

　　為了避免做出讓自己後悔的事情，我們盡量不要在衝動的情況下做決定，如果知道自己很生氣、幾近瘋狂，就向家人、朋友求助，如果暫時找不到親戚朋友，也可以自己用深呼吸的方式先調整一下。我們要學會把不良情緒轉化成行動的力量，千萬不要把自己的怒氣發洩在別人身上。將怒氣轉化為學習和工作的動力，既可以不傷害到別人，又使自己進步。

　　有時我們的脾氣不是因為遇見某件小事就忍不住爆發了，而是這這一段時間以來發生的事情都不太順利，累積到某個程度了，再加上這壓死駱駝的最後一根稻草，情緒就崩潰了。人生不如意十之八九，可能每天都會發生讓你覺得不開心的事情，但是這些事情發生之後，我們不應該將這種情緒一味地壓抑下去或者累積起來，而是應該在它沒爆發之前，定期釋放出來，比如找個沙包去打幾拳，或者到KTV高歌幾曲。總之，根據自己的情況來制定釋放情緒的方法，發洩之後會發現自己好受了許多。

　　讓通情達理成為一種常態，這樣身邊的人會覺得你很有素養，對你多了幾分尊重，也不容易再和你起衝突。而且一旦養成習慣是很難再改變的，讓自己的潛意識習慣了寬容和善良，再遇到事情的時候，腦海中第一個跳出來的想法就不再是「吵架」了。

　　一場衝突一定不是一個人引起的，平時多反省反省自己的問題，找到自己的錯誤，或許能讓你更多地理解對方一點，進

而減少怒火。另外，反省也是一種修練，修練自己的心態，我們的心態也會變得越來越平和了。

反省自己是找到自己的缺點和不足，然後加以改正，但是這不能影響到你的自信心。我們在做任何事情的時候一方面要非常努力，另一方面也要有自信，相信自己是成功的第一步。不要害怕失敗，失敗了就更加努力，從頭再來。只要一直保持良好的心態，我們就永遠都有從頭再來的資本。

第三節：控制不住爆脾氣，哪裡能來好人緣？

所謂「得人心者得天下」是孟子民本思想的一個重要內容。在企業中，好人緣會為你帶來源源不斷的客戶和財富；在生活中，好人緣為我們帶來好朋友以及他們的資源和幫助。那要怎麼才能成為一個人緣好的人呢？

以誠待人是根本，胸懷坦蕩，光明磊落，這樣才能得到對方的信任，沒有人願意和一個滿嘴謊言的人成為朋友。在處理人際關係時，不能嚴以待人，寬以律己，和朋友產生矛盾了，要以寬容的心態去盡量包容。增加人情味，減少火藥味。也就是說要成為一個受歡迎的人一定要控制住自己的脾氣，世界上沒有兩個完全一樣的人，成為了朋友之後，在兩人日益增多的相處的過程中也難免會有摩擦。這就是展現風度和水準的關鍵

第 3 章　生氣的代價：你無法承受的錯誤成本
第三節：控制不住爆脾氣，哪裡能來好人緣？

時刻了，是冷靜妥善地處理兩人的爭執，還是不理性地隨著自己的衝動做一些讓自己後悔的事。這就是人緣好壞的分水嶺。

如果目標是成為一個受歡迎的人，那必然要和許多不同性格的人打交道。即使不想成為一個人緣好的人，在社會活動這麼頻繁的現在，因為工作、學習、生活上的需求，我們每個人也都不可避免地要和各種不同職業的人打交道。這些人的家庭、背景、學識、性格等都大不一樣，那大家的做事方式自然也不會和我們完全一樣。

在看到了別人待人接物的方式之後，不要覺得這也看不慣，那也不順眼，更不要討厭和嫌棄別人。要承認差異的存在，當我們明白這點之後，看到不同性格的人，就不會強求別人處處都和自己一樣了。和各類人相處久了，我們的容忍度會提高，多看看別人的優點，不計較缺點，也會幫助我們自己成為一個更好的人。

越是地位高、權力大的人越懂得體諒的含義，也是因為這樣，他們才能成為一名優秀的領導者。

1860 年代時，因為美國南方的一些州反對林肯廢除奴隸制，脫離了美國聯邦政府，所以，林肯領導的聯邦軍和南方軍之間爆發了內戰。其中，蓋茲堡戰役中，聯邦軍殲滅了 2.8 萬南方軍，大獲全勝。南方軍的羅伯特・李將軍帶著剩下的殘兵敗將退到了波多馬克河邊。天有不測風雲，就在這時，波多馬克河水上漲，無法渡河。羅伯特・李將軍前有河水攔路，後有

Part 2　脾氣的殺傷力：別讓它成為你的枷鎖

追兵堵截，進退維谷，幾乎成為聯邦軍的甕中之鱉。

林肯知道這件事後非常高興，他認為，只要在這個節骨眼趁勝追擊，便能一舉殲滅南方軍，提早結束內戰。於是他立刻發電報給聯邦軍前線指揮軍官──米德將軍：「立刻出擊，不用再召開緊急軍事會議了。」

可是將在外，軍令有所不受，米德將軍不顧林肯的命令，堅持召開緊急軍事會議，耽誤了戰機。而且他在調兵遣將的時候，猶豫不決，拖拖拉拉。結果，波多馬克河的河水退了，李將軍和他的軍隊順利的逃走了。林肯氣得邊在屋子裡踱步邊說：「只要出手及時，他們肯定跑不掉，我的話竟然不能讓軍隊移動半步。」於是，他寫了一封信給米德將軍，在信中，他非常不客氣地說道：「我不相信你不知道李將軍逃走的嚴重後果，我無法期望你改變形勢，也不期盼你以後做得更好。」

但是事後，林肯很快就冷靜了下來，他覺得自己之前對米德將軍的批評是不恰當的。在遠離戰場的大後方發號施令很容易，可是米德將軍在戰場上執行命令卻要克服重重困難，剛打完一場仗的士兵們需要吃飯、包紮傷口，時值夏天最熱的時候，人和馬匹都很容易疲憊，連續作戰會讓更多的士兵們吃不消。

林肯想著如果自己是米德將軍，也不一定會做出服從命令的選擇。萬一自尊心很強的米德將軍看到這封信辭了職，那受影響的就不只是林肯和米德將軍之間的關係了，而是整個戰局。所以，林肯最終決定將這封信永遠的留在抽屜裡。他也從

第 3 章　生氣的代價：你無法承受的錯誤成本
第三節：控制不住爆脾氣，哪裡能來好人緣？

這件事開始告誡自己：遇到不順心的事情一定要保持冷靜，憤怒不能解決任何問題，批評別人的話一定要慎之又慎。

後來林肯的兒子驚訝地發現父親的抽屜裡有不少批評別人的信，其中就包括了寫給米德將軍的那一封。原來，林肯將批評信作為保持冷靜的一種方法，他清楚地知道那些信寄出之後會引起多麼糟糕的結果。

按理說，作為總統的林肯比我們普通人可能更有批判別人的權力，但是即使是在對方做錯的情況下，他仍然能從對方的角度出發，為對方著想，可能這就是他之所以能成為一個領袖的原因，也是值得我們每個人學習的地方。要想成為一個領導者，最重要的是能服眾，能得到大家的擁戴，可是如果你是個脾氣暴躁、愛責怪別人的人，其他的下屬或者合作夥伴每天都生活在有可能被你指責的環境中，怎麼可能會擁護你呢？沒有人喜歡被批評和指摘，若想得人心，先改壞脾氣。

很多人會認為自己的脾氣差是這個世界的錯，是社會的錯，是父母的錯，但總而言之不是自己的錯。但實際上，整個世界都是你內心世界潛意識的投影，你的內心和這個外在世界如何互動，外在世界就會如何回應你。

我們應該將更多的注意力放在自己想做的事情上，專注於自己的目標，分清楚哪些是自己的事情，哪些是別人的事情，哪些是老天爺的事情。別人怎樣做是別人的事情，你只需要控制好自己的事情就可以了，不要因為外界事物的變化干擾到自

Part 2　脾氣的殺傷力：別讓它成為你的枷鎖

己的情緒。因為我們每個人的能量、精力、腦力都是有限的，不要為了一些對你的目標毫無意義的事情浪費掉它們，調查顯示，消極情緒會消耗掉你 90% 的精神能量。

就像是別人不小心碰了你一下，你就生氣了，說對方，說著說著就吵了起來，進而還動起手來了，因為你覺得這件事錯在對方。但是你不覺得這樣就說明你的情緒是被別人控制的嗎？別人對你好，你的情緒才會好，別人對你不好，你就要勃然大怒。為什麼要把自己內心的情緒鑰匙交給別人保管呢？根據別人的做法做出相對應的反應，這不是木偶人被控制的方式嗎？我們要做自己的主人，不要被別人操控。

有些人脾氣很差，控制不了自己的情緒；有些人疑心重，經常把事情弄在內耗上；有些人喜歡熱鬧，人越多越開心，但宴席散場後，自己的內心又會空虛不已；有些人內心細膩，卻老是無病呻吟、落花傷懷、殘月愁眉。這些人的大部分精力就都被內耗掉了，再也沒剩下什麼給自己的生活和目標了。

一個人感到快樂的來源無非是兩種，一種來自外界，自己會主動去外界尋找快樂，但弊端是一旦外界發生變化，對他來說，快樂的來源就斷了。另外一種來自內心，他們會自己讓自己變得快樂，發自內部的平和、安寧，才是最終內心變得強大的寫照。那些智慧的長者，都具備這樣「不以物喜，不以己悲」的心態，他們得到的才是真正的快樂。

做一個心如止水的人不一定就能獲得很多朋友，但是做一

第 3 章　生氣的代價：你無法承受的錯誤成本
第四節：要想事情順，先要脾氣順

個控制不住自己脾氣的人就一定不可能有好人緣。該如何選擇相信每個人心裡已經有了答案。

第四節：要想事情順，先要脾氣順

　　有些馬路一塞起來，要在車裡等上好幾個小時，任你有天大的事，無論你有多少錢也都得等著。在路上浪費掉的這些時間裡，有人破口大罵，有人無奈嘆息，有人叫外送，有人在車裡就工作起來了，有人正好在車裡談起了戀愛……路況不佳，你的任何反應也影響不了現狀，生氣的人也只能是暗自神傷罷了。與其大吼大叫、耗費精力，不如泰然處之，就當是給忙碌中的自己放個假，在車裡聽一段音樂，閉上眼睛冥想一段時間。氣過、熬過、享受過，這段時間怎樣都得過。但是在這過法之中卻能看出一個人的 EQ 高低，不能改變的事情，即使氣到天昏地暗，傷害到的也只會是自己的身體，而且對之後的工作也會有影響。所以，只有氣順了，事才能順。

　　沒有誰會是一帆風順地過完這一生的，你能取得什麼樣的成就取決於你面對挫折的態度，是怨天尤人、怨聲載道，還是冷靜淡然、積極解決。

　　EQ 專家們曾經總結出一條經驗，無論你在什麼領域，要想取得高人一等的成就，EQ 所產生的作用比 IQ 要高兩倍。而

067

Part 2　脾氣的殺傷力：別讓它成為你的枷鎖

EQ開發，就是學會恰當地管理情緒，不是任性發洩，而是有效表達，不是強行壓抑，而是及時處理，這樣才能做到讓情緒為自己服務，而不是被情緒牽著鼻子走。

美國華盛頓監獄裡有一名重刑犯，他遊手好閒、嗜酒如命而且毒癮很大。他有兩個兒子，年齡相當，但是命運卻完全不同。大兒子和父親一樣，因殺人鋃鐺入獄。但是小兒子卻勤奮好學、腳踏實地，在大學畢業後找到了一份好工作，事業有成，還組成了一個幸福的家庭。

在一個完全相同的環境中成長起來的兩兄弟為什麼會有如此不同的人生呢？在記者去採訪他們的時候，沒想到兄弟二人給出的答案竟然完全一樣：「有這樣的父親，我們還有什麼辦法呢？」

同樣一片土地，既長糧食也長雜草，想要成為糧食還是雜草，關鍵其實還是在於自己，在於你在面對困境的時候所懷的心態是什麼樣的。如若選擇成為糧食，則會造福於社會，選擇成為雜草，就只能接受被拔掉的命運。

例子中的兄弟兩個，出生的原生家庭是沒辦法選擇的，可是大兒子選擇將這種糟糕的家庭條件當成一塊石頭背在肩上，每天壓得他喘不過氣來，小兒子卻將這塊石頭墊在腳下，讓它成為自己進步的階梯。

很多時候，學識和財富並不能提高我們的生活層次，時刻都能正確處理好自己的情緒才是一個人最大的福氣。當你陷入

第 3 章　生氣的代價：你無法承受的錯誤成本
第五節：腦袋裡裝滿過去的人無法迎接未來

情緒的泥沼時，就是在親手將自己的生活層次一步步拉低，而且身邊的人也會因為你的壞脾氣受到影響。

這樣的事情有很多，有些人在工作中不順心，就把不開心的情緒帶到家裡，不僅影響了家人的情緒，連自己的生活品質也保證不了了。有些人總是喜歡在雞毛蒜皮的小事上鑽牛角尖，本來是一笑而過的事情，結果弄得大家不歡而散，不僅破壞了大家之間的感情，也連累了自己的生活。總是生氣的人，萬事都不會順利。

真正懂得生活的人，一定是能控制好自己情緒的人，因為任何生活的趣味，都只有心平氣和的人才能夠體會。與其不斷地宣洩自己對於身邊看不順眼的人和事的情緒，不如將這些時間花費在自己真正感興趣的事情上，這樣不但能從壞情緒裡逃離出來，還能提升生活品味。

第五節：腦袋裡裝滿過去的人無法迎接未來

情緒有時候其實挺有意思的，放肆按照自己內心的劇本，想像著全世界都對不起自己，然後給自己一個大發雷霆的理由。其實情緒不會因為你一時的宣洩而被滿足，而是會把你拉得越來越深。

比難以控制自己的情緒、當下就要將自己憤怒的感受和盤

Part 2　脾氣的殺傷力：別讓它成為你的枷鎖

　　托出更不應該的是什麼呢？是在過了一段時間之後，又再回想起之前讓你生氣的事情，俗稱「翻舊帳」。就像是一部讓你看一次哭一次的悲劇片，你還是想要不停的拿出來回味。

　　關鍵是我們的記憶是會騙人的，時間過得久了之後，即使是讓你難過的你覺得這輩子也不會忘記的事情，也會變得模糊不清，但是當時那種傷心的感覺卻是可以想起來的。就像朋友在一次約會中遲到了五分鐘，烈日炎炎下，你會覺得這五分鐘無比漫長，內心劇場裡上演的是他竟然讓你等了二十分鐘。

　　等到兩年後朋友有遲到的時候，你會想說兩年前你就讓我等了半個多小時，今天又遲到，簡直是忍無可忍。但是犯錯的一方永遠都懂得理智地就事論事，於是爭吵就不可避免地發生了，可見翻舊帳一點好處也沒有。

　　忘記的事情其實是不願意想起，常常想起的事情往往是不願意忘記。

　　對以前的事情耿耿於懷，常常翻舊帳，其實是在向對方表達自己的訴求，希望對方能因為曾經的傷害而在現在多補償自己一點，多愛自己一些。表面上囂張跋扈，其實心裡是卑微的乞求狀態。

　　但是對方面對你的這種狀態，不論是歇斯底里的控訴還是卑微到塵埃裡的乞求，都只會想要盡快逃離，對解決問題是一點幫助都沒有的。乞求別人施捨的愛是很廉價並且不持久的，即使是在自己最親近的人面前，也要保留自己最後的自尊

第 3 章　生氣的代價：你無法承受的錯誤成本
第五節：腦袋裡裝滿過去的人無法迎接未來

和驕傲。解決辦法是讀懂自己對往事放不下這種行為所掩蓋的內心裡真正的訴求，然後用溫和的，對方能夠接受的方式表達出來。

我們每個人都會去回憶以前的事情，而我們腦海中想起的多數是帶有負面情緒的事件，如果一方面我們要忍受他人對我們提起以前傷害他的事情，另一方面還要在他的指責下控制住自己也指責他的欲望，是件非常困難的事情。不過我們還是要去盡量做到記住別人的好，不要讓往事矇蔽自己的雙眼，發現對方和你在一起時的好的變化，大度一點。

人不該活成一團情緒，如果被混亂的情緒控制住了自己，那還有什麼能力控制自己的人生呢？羅伯特‧懷特也曾說：任何時候，一個人都不應該做自己情緒的奴隸，不應該使一切行動都受制於自己的情緒，而應該反過來控制情緒。無論境況多麼糟糕，你應該取努力支配你的環境，把自己從黑暗中拯救出來。

生於 1918 年的南非第九位總統 ── 納爾遜‧曼德拉，是民主選舉出來的首位南非總統。當面曼德拉領導反種族隔離運動時，南非法院以密謀推翻政府等罪名將他定罪，判決曼德拉在牢中服刑 27 年，其中的大多數日子都是在羅本島度過的。

1990 年 2 月 11 日，曼德拉出獄。1994 年，曼德拉順利當選為南非總統。從這一天起，南非白人格里高就整天生活在不安中，他回想起自己對曼德拉的種種虐待，在到處是海豹、毒

Part 2　脾氣的殺傷力：別讓它成為你的枷鎖

　　蛇和其他危險動物的羅本島上，曼德拉被關在鋅皮房裡，白天要去採石頭，有時還要下到冰冷的海裡撈海帶，晚上則被限制一切自由。

　　因為曼德拉是政治要犯，格里高和其他兩位同事經常侮辱他，有時還用鐵鍬打他，甚至故意往飯裡「加料」，逼迫他吃下。五月，格里高和他的兩位同事受到了曼德拉親自簽署的就職儀式邀請函，三人只能硬著頭皮去參加。

　　就職儀式上，年邁的曼德拉起身致詞：「能夠接待這麼多尊貴的客人，我深感榮幸，可更讓我高興的是，當年陪伴我在羅本島度過艱難歲月的三位獄警也來到了現場。」隨後，他把格里高三人介紹給大家，並逐一和他們擁抱。「我年輕時脾氣暴躁，在獄中，正是在他們三位的幫助下，我才學會了控制情緒。」

　　曼德拉這番出人意料的話，讓虐待了他二十七年的三個人無地自容，更讓現場所有人肅然起敬，人群中爆發出經久不息的掌聲。儀式結束後，曼德拉再次走到格里高身邊，平靜的說：「在走出囚室，經過通往自由的監獄大門那一刻，我已經清楚，如果自己不能把悲傷和怨恨留在身後，那麼我其實仍在獄中。」

　　格里高在那一刻終於明白，告別仇恨的最佳方式是寬恕。心中有恨，無論在哪都是牢籠，曼德拉偉大的靈魂，因為寬恕而擁有自由的心。

第 3 章　生氣的代價：你無法承受的錯誤成本
第五節：腦袋裡裝滿過去的人無法迎接未來

當你所有的注意力都停留在過去發生的事情上，心裡裝的，腦海裡想的，都是過去誰曾對不起我，又該怎麼向前走呢？曼德拉深諳此道，他是真正將過去放下了，所以才能更好地迎接未來。

很多時候我們回憶以前的不開心的事情也是因為這兩天遇到了同樣讓人心情不好的事，我相信沒有人在自己正在高興的時候會突然想起令人沮喪的經歷。所以我們要時時調整心態，盡量不讓壞心情有機可乘。

有個人來到孔子教學的地方，只看到一個年輕人在門口掃地。他就上前問道：「你是孔子的學生嗎？」年輕人驕傲地回答：「是的，請問您有什麼事嗎？」「我想請教你一個問題，不知道可不可以。」來人說道。

年輕人回答說：「可以。」來人又提出：「不過，我有個條件。如果你說得對，我向你磕三個響頭，如果你說的不對，你要向我磕三個響頭。」年輕人知道，這是踢館的，為了老師的名譽，他爽快地答應了。

「其實，我的問題很簡單，一年有幾個季節？」「四季。」年輕人立刻回答。可是那來人卻反駁說，不對，一年只有三季。兩個人陷入了激烈的爭吵。正在這時，孔子從院子裡出來，年輕人好像遇到了救星是的，上前說明了前因後果，請孔子評理。可是沒想到，孔子卻對他的學生說：「一年的確只有三季，你輸了，跟人家磕頭去吧。」

Part 2　脾氣的殺傷力：別讓它成為你的枷鎖

　　來人聽了大笑道：「哈哈，你輸了，快來給我磕頭。」年輕人不明白老師為什麼這樣說，但是不得已，他也只好向來人磕了三個響頭。來人見此，大笑著離去。

　　等那人走後，年輕人對孔子說：「老師，一年的確有四季啊，您剛才為什麼說是三季呢？」孔子說：「這個人穿一身綠衣，和你爭論時又一口咬定只有三季，他分明就是個蚱蜢，春天生，秋天亡，一生只會經歷春、夏、秋三季，你如果不順著他說，他能這麼爽快的走嗎？」說完，年輕人恍然大悟。

　　所以，當你產生負面情緒的原因是和別人起爭執的時候，你需要認真考慮一下，你和對方是不是站在了同一個認知範圍內。每個人的成長環境都不一樣，對同一件事的看法自然會有所不同，在這個基礎上，為了一些小事和對方吵得面紅耳赤，真的是一件沒有必要的事。

　　當然，如果你發現自己朋友的知識點有盲點，這時候你要是可以很好地引導他，讓他發現自己的問題，也是很好的，但要是不行，就不要過多地耗費自己的經歷，只要不是原則性的錯誤，認個錯也未嘗不可，不用太計較。強行修改對方的認知觀念，表面上是為了對方好，但實際上對對方來說是一種傷害。

　　無論是不要沉溺於過去，還是透過現在控制好自己的情緒以防自己回憶起過去的事情，都是為了讓我們有充足的精力、完備的心理狀態去面對未來，這樣我們才能在未來中看到實現目標的希望。

第 4 章
衝動即魔鬼：
憤怒如何摧毀你的人生

第一節：讓我們歇斯底里的，往往都是小事

一個人的氣質不是天生的，而是透過在成長過程中不斷地適應環境一步一步形成的。只有遇到很多挫折，經歷過很多痛苦，才能讓自己不斷地變得完美、理性、從容，氣質就由此產生。

在平時的為人處事中，我們很難看出一個人的修養，因為即使是易怒的人也不可能隨時隨地都在生氣，大家在不生氣的時候表現都是差不多的，只有在遇到挫折或者跌入自己人生谷底的時候，一個人的內涵和氣質才能夠真正得展現出來。從他們面對挫折的微笑中，你就能夠感受到他們的自信。

在書中看到一句話說，人長這麼大，就是為了與世界和解。以前我不能理解，覺得愛要用力，恨也要用力，有氣就發出來，幹嘛憋在心裡難受。每天睜開眼睛就開始單方面向世界宣戰，遇到不開心的事情，就歇斯底里，豎起全身的刺隨時準備應戰，美其名曰保護自己。

Part 2　脾氣的殺傷力：別讓它成為你的枷鎖

　　有時會在影視作品中看到謙謙君子和溫柔淑女，每當這時就會嗤之以鼻，想說「裝什麼聖母，虛偽」，真小人才是我們這類人所欣賞的。我相信，我們都是凡人，有七情六慾和缺點的凡人，真小人勇於承認自己不光明磊落的一面，承認自己得不完美，比裝腔作勢的所謂「君子」強百倍。

　　那時的我不知道這世界上其實有一種人，時間磨平了他的稜角，歲月洗淨了他的戾氣，閱歷和沉澱讓他有了淡如菊的底氣。他不再因為小事動怒，只是淡然，這不是矯揉造作，和真小人承認自己的缺點一樣的坦誠。他們懂得要與這個世界和平相處的道理，因此學會了放過自己。

　　每年學測前後，接踵而來的都是一樁又一樁考生自殺的新聞，重考生，卻在考試期間跳樓，因為沒有勇氣面對再次失敗的打擊；沒有考上臺大從住家頂樓跳樓，因為辜負了父母的期待……

　　我能理解這些孩子們內心的痛苦和掙扎，也明白他們多麼想出人頭地，但是真的很想對他們說一聲：放過自己吧！

　　有人說學測是人生的分水嶺，似乎學測失利就代表著人生終結。可是我覺得學測只是人生的階段測驗，沒考好也不代表以後過不好。高三時，有一次資優班的班導王老師來幫我們代課，臨近考試，那些成績差到根本無望考上好大學的同學該睡覺睡覺，該聊天聊天，全然不顧講課的老師。

　　大概是下面的說話聲太大了，王老師講到一半突然停了下

第 4 章　衝動即魔鬼：憤怒如何摧毀你的人生
第一節：讓我們歇斯底里的，往往都是小事

來，同學們以為他要維持紀律，暫時安靜了下來，看著他。他卻說：「你們這些認真聽講的同學，一定要和上課聊天的同學打好關係，說不定以後他們就會是你們主管，也一定要和睡覺的同學打好關係，可能他就是你以後的老闆。」

當時大家覺得很驚訝，一個資優班的班導竟然會說出這樣的話，然後就是覺得他幽默，對他的好感頓時上升了一個等級。很久之後再想起這件事，突然覺得他的話還滿有道理。

認真聽講的同學也許能考上一個好大學，聊天的同學可能比起讀書這件事更注重溝通的能力，說明他們 EQ 很高，在以後的職場中，EQ 所發揮的作用比 IQ 要大，所以善於溝通的人更容易被老闆器重。而那些睡覺的，大概就是在升學這條路上自我放棄了，不讀大學，高中畢業後很有可能去創業，等我們大學畢業了，創業四年同學的企業自然有可能已經初具規模，我們要去人家的公司求職了。

當然，說這段話並不是要大家都不上大學了，只是為了說明在學測中取得好成績，上一個好大學並不是唯一的出路。有些人大學畢業還是在一間小公司裡不上不下的掙扎，有些人沒上大學卻過上了自己想要的生活。

十八歲的人生才剛剛開始，未來有無限多種可能性。世界之大，學測和之一比，也便成了小事。父母望子成龍，但沒有一個父母會希望自己的孩子不成龍就要尋短見。和只有一次的生命相比，學測又算得了什麼呢？

Part 2　脾氣的殺傷力：別讓它成為你的枷鎖

　　一撇一捺成為「人」，一筆寫快樂，一筆寫煩惱，就像人生是喜憂參半的，悲歡同行是生命，無需沮喪，不必頹廢，勇敢前行，就有希望。

　　曾國藩說：「人心能靜，雖萬變紛紜亦澄然無事。靜在心，不在境。」遇到大事我們不要歇斯底里，因為沒有用，遇到小事，我們更不要歇斯底里，因為沒必要。所謂幸福的生活，一定是指安靜的生活，緣由是只有在安靜的氣氛中，才能夠產生真實的人生樂趣。

　　安靜，是為了靜觀自然的神機，獲得一種靈性，在平凡的生命歷程中發掘出真我，為平庸的日子增添一抹亮色。

　　南北朝時的陶弘景在山中做隱士，齊高帝下詔書勸他出山做官，他用一首詩來回覆：「山中何所有，嶺上多白雲，只可自怡悅，不堪持贈君。」意思是山裡有什麼呢？沒有鐘鳴鼎食，沒有榮華富貴，只有那淡淡的白雲，我的志趣就是在這白雲間，可惜我不能讓您領會這個中情趣，就像沒辦法將這悠悠白雲摘下來贈給您一樣。

　　在貪戀名利的人看來，白雲什麼都不是，但在詩人眼中卻是超塵出世的生活境界的象徵，只有品格高潔的高士才能領略白雲的奇韻真趣。也許我們都不能也不想成為高士，可是我們都該學習這種淡泊的精神，不要再因為小事就歇斯底里。

第二節：克服憤怒，才能擺脫烏雲籠罩的生活

有些人出生於公務員之家，有些人生於大城市，有些人生於大山深處的窮鄉僻壤，有些人生來就有豪華跑車，有些人連腿都沒有。這是我們的「命」，是先天注定的。

你可以選擇抱怨老天不公平，你可以哭天搶地，可是這又能改變什麼呢？其實你可以在現有的「命」的基礎上改造自己的「運」，在大山深處鋪一條透過外界的路，靠自己的後天努力過上自己想要的生活，這不也是很值得人敬佩的嗎？

胡適學識淵博、風流倜儻、儒雅溫和，而妻子江冬秀相貌普通、識字有限、性格潑辣。按理說這樣的夫妻是沒辦法生活在一起的，可是善於調節情緒的胡適每當遇到妻子「河東獅吼」的時候，他就藉口到廁所漱口，故意把牙刷擱到杯子裡，把聲音弄得很響，藉此避免正面衝突。

他們最終實現了結婚時的誓言，白頭偕老。張愛玲說：「他們是舊式婚姻罕有的幸福的例子。」

生活中的每個人都會有情緒，這是很正常的事，但情緒就像水，宜疏不宜堵。情緒平和是一種自行消化負面情緒的能力，不僅會讓婚姻的小船避開各個暗礁，而且婚姻的幸福指數還會呈指數上漲。

這個社會很浮躁，什麼都是速成的，大家羨慕一步登天、

Part 2　脾氣的殺傷力：別讓它成為你的枷鎖

一夜成名的傳奇，卻不願花精力去關注那些默默無聞，為了夢想腳踏實地，一步一個腳印去努力的人。像國際女星章子怡，張藝謀導演的《我的父親母親》讓章子怡火遍大江南北，接著她又憑著李安導演的《臥虎藏龍》走出了國門。

同在《我的父親母親》中出演的孫紅雷，演了十年的小配角卻仍然不溫不火。2001年起，孫紅雷開始拍趙寶剛導演的戲，軍事題材、家庭倫理、黑道歷史，孫紅雷幾乎都有涉獵到，直到2009年的電視劇《潛伏》讓他大紅大紫。

孫紅雷之前的二十多年配角經歷都是在浪費時間嗎？當然不是，他正是在那些小角色裡面不斷地磨練自己的演技，沉澱自己，才能有今天的成就，他的每一步都走得很穩。但是現在在做配角的小演員們有幾個能在不紅的情況下堅持演戲二十多年？可能很多人都會在中途懷疑自己，覺得自己可能不適合這個職業，然後就放棄了，這就是情緒管理的重要性。

現在很流行說「佛系青年」，說得是不爭不搶、隨遇而安的人生態度，有人覺得這是不求上進的表現。但是這種「不求上進」不就是不會為了小事發脾氣，懂得控制自己情緒的做法麼，這恰恰是高EQ的展現。肆意發洩憤怒情緒，不能讓你顯得更加理直氣壯一些，而是層次低的展現。

日本著名推理小說家東野圭吾在他的小說《惡意》中就曾描述過一場由憤怒情緒帶來的悲劇。暢銷書作家日高邦彥在出國前一晚被殺，警察經過了一系列的調查之後終於確認了殺手

第 4 章　衝動即魔鬼：憤怒如何摧毀你的人生
第二節：克服憤怒，才能擺脫烏雲籠罩的生活

的身分，竟然是日高邦彥的同窗好友，而他殺死日高邦彥的唯一動機，竟然是「總之我就是看他不爽」。就是因為憤怒的情緒，竟然毀掉了兩個家庭。

類似的事件，生活中也屢見不鮮。

2007 年 10 月 5 日晚，中國上海閘北區普善路口的巡邏民警（警察）將一名騎著無牌照腳踏車的青年攔下盤查。青年名叫楊佳，他騎的腳踏車是被人偷盜後轉賣的車輛，於是他被帶到派出所做進一步調查。

當時閘北分局的民警在詢問期間對楊佳一頓痛毆，拳打腳踢。但是隨著事件的取證調查，閘北分局民警發現楊佳的確沒有參與偷車，只是在不知情的情況下租賃了腳踏車而已，所以很快釋放了他。楊佳出去之後感到身體不適，經醫院檢查得到一個讓人難以接受的後果：他的性器官受損，以後很可能無法生育。（編按：中國警方聲稱此事為謠傳；但毆打為真）

楊佳這才開始了上訪（即信訪，中國特有的請願、申訴方式）之旅，一定要讓閘北分局給他一個說法。但民警這邊不但態度強硬，而且還威脅說再鬧就把他抓起來。多次商討無果，楊佳於 2008 年 7 月 1 日上午全副武裝的衝向上海市公安局閘北分局，致六名民警死亡，六人受傷。

案件已經過去十多年了，除了楊佳的父母和遇害警察的家人，恐怕很多人都將這件事淡忘了，但這件事所帶給我們的教訓永遠不該被遺忘。根據朋友和鄰居們的回憶，楊佳從小就是

Part 2 脾氣的殺傷力：別讓它成為你的枷鎖

個講究原則，不亂穿越馬路，看不慣父母亂丟垃圾，連玩遊戲都從不作弊的人。這樣的人，誰能相信他有朝一日會殺人呢？

是憤怒矇蔽了他的眼睛，我們不可否認，楊佳在這件事中是有委屈的，一個遵守規則、並沒有做錯任何事情的青年被帶到警察局協助調查，結果就被無緣無故地打到失去生育能力，聽到這件事的普通人也會憤怒，何況是當事人。可是事情出了之後，他其實可以選擇一種傷害更小的解決方式的，這裡說的傷害不只是對遇害的警察而言，也是對楊佳說的，他最終被判決死刑，立即執行。

在被憤怒沖昏頭腦的一瞬間，楊佳是不顧一切的，想著即使付出生命的代價也願意，但是在冷靜下來之後，在看守所裡等待起訴和判決的時候，他一定後悔了。不然也不會在一審判決出來之後又繼續上訴，求生是人的本能，況且他還有父母需要贍養。如果能重來一次，他肯定會有不同的選擇，可是如果就只能是如果了。

其實楊佳在受了委屈之後，他的目標只是想要得到一個說法，在幾次向上級執法部門提起複議無果的情況下，他的情緒到達了憤怒的頂點。他本可以繼續到上一級的政府機構反映問題，但是憤怒沖昏了他的頭腦，憤怒在他的腦海中不停的干擾他，讓他沒辦法透過正當的途徑達到自己的目標，心裡只是不停的想著復仇，最終釀成苦果。

在2006年楊佳被打到2008年他瘋狂報復殺人這期間，想

第 4 章　衝動即魔鬼：憤怒如何摧毀你的人生
第三節：微笑、微笑，憤怒時也要保持微笑！

必他的生活也沒有一天是開心的，情緒被憤怒掩蓋的兩年，也是生活被烏雲籠罩的兩年，可見負面情緒是可以毀掉一個人的。我們只有克制了憤怒，才能擺脫烏雲籠罩的生活。

第三節：微笑、微笑，憤怒時也要保持微笑！

誰都有情緒的時候，生活中的高手，一定是能控制自己情緒的人。

國學大師季羨林和臧克家在小飯館吃飯時曾發生過一件事，季羨林因為幫忙扶起一個摔在地上的孩子，而被孩子媽媽誤以為欺負小孩：「一個大人幹嘛欺負小孩，要是我兒子受傷了，我跟你沒完。」季羨林面對誤會，仍然微笑著，在他剛想去解釋的時候，周圍的顧客看不下去了，指責女人蠻不講理：「是孩子自己摔倒了，這位先生好心把他扶起來，妳怎麼不問青紅皂白就罵人呢？」

事後，臧克家問季羨林：「她那樣誤解你，還出言不遜，你怎麼還能淡定微笑呢？」季羨林說：「大家都看著呢，我何須著急？」

季羨林用自己的行動說明了什麼叫做宰相肚裡能撐船。

你的情緒中藏著你的氣度和人品。生活中，一個好的心態，可以使你客觀豁達；一個好的心態，可以使你戰勝面臨的

苦難；一個好的心態，可以使你淡泊名利，過上真正快樂的生活。人類幾千年的文明史告訴我們，積極的心態能幫助我們獲取健康、幸福和財富。

生活中，我們不能控制自己遇見的事情，卻可以調整好自己的心態，我們不能改變別人的看法，卻可以改變自己的做法，其實，人與人之間沒有太大區別，真正的區別在於心態，是讓心態做你的主人，還是你領導心態，取決於你。

人生有順境也有逆境，但不會處處是逆境。人生有巔峰也有谷底，也不會處處是谷底。因為巔峰而趾高氣昂，因為谷底而垂頭喪氣，都是淺薄的人生。面對挫折，如果只是一味的抱怨和憤怒，那你將永遠是個弱者。

從古到今，很多人失敗的原因不是能力不夠，而是心態不好和沒有自信，自信是一種力量、一種動力，而心態就是它的引擎。你不自信的時候，很難能做好一件事，當你什麼也做不好時，你就更加不自信，這是一種惡性循環。如果想從這種惡性循環中解脫出來，就得和失敗抗爭，就要樹立牢固的自信心和良好的心態。

成功和失敗，開心和失落，這些都是人生的常態，如果我們將生活中這些起起伏伏看得到太重，那我們永遠沒辦法坦然。人生應該有所追求，但暫時得不到並不會阻礙日常生活的幸福。因此，擁有一顆平常心，是人生必不可少的潤滑劑。

想要做到一顆平常心，保持良好的心態，寬容是必不可少

第 4 章 衝動即魔鬼：憤怒如何摧毀你的人生
第三節：微笑、微笑，憤怒時也要保持微笑！

的東西。退一步海闊天空，讓幾分心平氣和。寬容是一種美德，它能使一個人得到尊重，寬容是一劑良藥，它能挽救一個人的靈魂，寬容就像是一盞明燈，能在黑暗中放射出萬丈光芒，照亮每一個心靈。

人的心靈是很敏感的，需要經常激勵和撫慰，常常自我激勵、自我表揚，會使心靈感到快樂。學會替心靈鬆綁，就是要替自己營造一個溫馨的港灣，常常走進去為自己忙碌疲憊的心靈做做按摩，使它的各個零件得到維護和保養。

很多人可能會覺得在遇到挫折的時候還能夠自我鼓勵，而不是垂頭喪氣，已經是件非常不容易的事，但是我想說的是，不要把挫折當成失敗。在遇到挫折的時候，正面迎擊它，真正能成功的人從不會將挫折當成失敗並從此一蹶不振，他們會再繼續努力，厚積薄發，最終贏回來。到那時，他曾經的失利就不是真正的失敗。相反，如果被一兩次的挫折打地失去了再次戰鬥的勇氣，那才是真的輸。

面對挫折要保持微笑，面對煩惱也要保持微笑，整天煩惱的人，並不是因為他們真的比別人遭遇了更多的不幸，而是自己的內心得不到釋懷，當煩惱來襲的時候，我們不要自暴自棄，而要在心理上調適自己，避免煩惱變成心病。

微笑其實很簡單，它是春天的細雨、夏天的綠蔭、秋天的果實、冬天的飛雪。要善於尋找生活中的美好和快樂，微笑會自然而然地浮現在你的臉上。如果陷入煩惱中，就更要告訴自

己微笑的重要性，因為它會變成一條繩子，將我們從痛苦的深淵中拉回地面。

微笑不只是嘴角上揚的弧度，它代表著我們強大的內心。經歷過生活的洗禮，見識過人生百態，深知眼淚和憤怒對解決事情毫無用處、張牙舞爪反而最暴露脆弱的人才真正懂得，只有溫柔和平和才是化解矛盾和悲痛最強大的力量。

第四節：學會替自己「鬆綁」，才能走得更舒暢

女人的衣櫥中總是少一件衣服，購物網站打折時，你總能想到自己需要買的一些東西，我們要賺更多的錢，得到更多的權力。我們大多數時候都在為人生做加法，我們希望不斷地往自己身上添東西，希望自己變得更加豐富，似乎「豐富」的反面就是「貧乏」。

前段時間讀到作家劉瑜的《送你一顆子彈》，裡面寫道：「人的每一種身分都是一種自我綁架，唯有失去是通向自由之途。」深以為然。

想把什麼東西都往家裡搬，只是因為缺乏安全感罷了。只有真正在意的人才能稱之為朋友，將社群軟體中一些不熟的、根本不認識的人通通刪除了，頓時覺得一身輕鬆。只有到這個時候才發現，安全感是要靠自己給的，不是靠物品去填滿，更

第 4 章　衝動即魔鬼：憤怒如何摧毀你的人生
第四節：學會替自己「鬆綁」，才能走得更舒暢

不是用一些外在的東西去將自己包裹起來，只有這樣才能走得更舒暢。

電影《相愛相親》中，淪為包辦婚姻犧牲品的阿祖，在丈夫生前她一個人守著老家，死後她又一個人守著他的墳，甚至還早早地做好了棺材等著和他合葬。她把所有的事情都算好了，就是沒算到丈夫生前已經在城裡重新組建了家庭。岳慧英就是那個重組家庭後生下的女兒，她執意把爸爸的墳遷到城裡，與媽媽合葬在一起。

阿祖不同意遷墳，她認定丈夫是愛她的，一個人固執地對抗著湧進村子的遷墳隊伍，像個浴血奮戰的勇士一樣毫無畏懼，內心悲壯。直到電影結尾處，阿祖看到了丈夫和別的女人生活的照片，那照片上寫滿了幸福，那是他在面對她時從未有過的表情，她釋然了，同意了遷墳。

遷墳當天，阿祖對著丈夫的遺骨說了句：「我不要你了。」讓人淚如泉湧。

堅強了一輩子的阿祖，擁有對抗世界的勇氣和面對孤苦人生的毅力，卻還是在愛面前退讓了，可是她沒有因此變得弱小，反而更加強大了，這份強大說到底，還是愛。愛讓她學會了替自己鬆綁。

學會掙脫自己給自己的束縛，也要學會逃脫外界對你的綁架。看到別人報班學習，你也立刻報名，看到別人找到好工作，你也在想要不要辭職重新找到更好的，看到別人到處旅

行，你在想要不要也辭職當個旅行 YouTuber 好了。所有的追隨都是因為怕落於人後，但是一味跟隨別人的腳步，並不能讓你迎來屬於你的理想中的人生，活在他人的價值觀中取得的認同根本一文不值。

內心強大的人才能在人生的道路上走得更順暢，他們從來不需要用外界的標準來評判自己，他們有自己的節奏，知道什麼時候該做什麼事，他們清楚知道自己想要什麼，每一次選擇都遵從自己的內心，只要好好努力並安靜等待，一切自然會來，只有不為外界的變化而影響內心的人，才是真正擺脫了枷鎖自由舞蹈的人。

生活中的舒適區就像是一個又一個牢籠，一旦進入，看似有吃有喝有玩，但所有的舒適都是需要買單的。生活時刻都在變化，當改變來臨，習慣了在舒適的豬圈中打滾的可憐蟲再沒有到外界打拚的戰鬥力，只能原地等待被人宰割。

是誰困住了他們？是他們自己，牢籠的門其實並沒有上鎖，可是他們甘願在裡面將自己捆綁，你永遠救不出一個自願被綁架的人。

自己給自己自由的人一定有個強大的內心，他們永遠不會有驚慌失措的時刻，因為他們深深地懂得優勝劣汰的道理，即使知道自己會遭受到痛苦和質疑，他們也會大步向前，絕不回頭。

欲望是個很怪的東西，很多時候我們明明渴望得到一些東

第 4 章　衝動即魔鬼：憤怒如何摧毀你的人生
第四節：學會替自己「鬆綁」，才能走得更舒暢

西,但是得到了以後卻又很快失去興趣,手中明明握著別人羨慕的東西,卻又總在羨慕別人手裡的。我們嚮往遠方,但你嚮往的遠方卻又是另一些人厭倦的地方。

我們被自己的欲望捆綁住,想要去很多地方遊歷,想要賺很多錢,想要變成更加優秀的自己,這些欲望中不乏積極向上的,但是過分追求成為優秀的自己會妨礙你變得更加強大。

你想要好的成績,雖然你要得也許不是大富大貴,但你總是對自己不滿意,希望自己將事情做得更好,有更多的成績,有好的品味、長相、知識。你希望自己能夠堅持健身、節食、規律睡眠、做事有始有終、有執行力、有時間規劃。也許你沒有可以羅列過你到底想要哪些優秀,但是這種默默較勁的感覺,我想你一定不陌生。

你想要做的事情越多,理想越是大,渺小感和無力感就越是強烈。有理想是一件很好的事情,人必須要清楚自己要什麼。但是有了努力的方向,還沒怎麼行動呢,就累了,就算幫你加油,堅持不了多久,油就乾了。這實際上是因為你內耗了,人的精力都是有限的,當你內耗過多的時候,你外在能投入生產的自然就少了。

我們要理性追求目標,全力以赴是需要的,但是告訴自己非要得到不可就沒有什麼必要了。沒有人可以時時刻刻都優秀,每當我們感覺到自己的懶惰、懦弱、虛度光陰、早起失敗的時候,過分苛求成功的人會過分自責、懊惱,甚至開始嫌棄

自己、恨自己。這種情況下，目標給你帶來的就不是正確積極的意義了，而是將你綁架，讓你變得情緒不穩定，心理出現問題。

「一定要優秀」的心越強，你越會排斥達不到目標的自己。你越是討厭自己，就越要花精力來排斥自己，結果就越來越累，做事力不從心，進入死循環。

追求充實、勤勞、堅強這些特質都是很好的習慣，讓人痛苦的不是追求本身，而是對追求的執著。我們一定要允許自己不完美，允許自己出差錯，健康的狀態是在優秀的時候享受，糟糕的時候接受。學會替自己鬆綁，和暫時並不優秀的自己握手言和。

第 5 章
鬥氣的陷阱：贏了場面，輸了自己

第一節：有些事情不用太計較

　　有些人凡事都喜歡斤斤計較，有什麼事總要打破沙鍋問到底，要清清楚楚、明明白白、真真切切，非要分出個你對我錯，比起玩世不恭、遊戲人生來，有認真的態度是件好事，但是凡事太過於計較，做事太死板，就會走進「死巷子」，給我們帶來額外的煩惱和精神上的負擔。

　　凡事太計較就會讓我們的眼裡只看到別人的缺點而看不到優點，對朋友的某次疏忽耿耿於懷，總想報復得罪過自己的人，這樣的人不僅會讓身邊的人感覺不舒服，也會讓自己感覺很累。

　　鄭板橋說「難得糊塗」，不是要我們真得糊塗，而是要有洞悉世情後的成熟與從容，難得糊塗是一種很高的精神境界，是不計較不苛求，是淡泊名利、笑泯恩仇。人生就應該少些多餘的認真和計較，多些聰明的糊塗，多些理解和包容。我們不是法官、不是警察，沒有必要一味地明察秋毫、眼裡不揉沙子。古今中外，凡是能成就一番大事業的人，都具有海納百川的雅

Part 2　脾氣的殺傷力：別讓它成為你的枷鎖

量，容別人所不能容，忍別人所不能忍。

不要在紛繁複雜的世界裡張牙舞爪，要懂得沉澱和安靜下來，豐子愷說：「既然沒有淨土，不如靜心。」安靜，不一定要隱居世外，而是以出世之心，過入世的生活，在凡塵中始終保持獨立與自由。

一個僧人，出家不久就耐不住寂寞，下山回家了。不到一個月，受不了塵世的煩惱，又上山了，接著不到一個月，耐不住寂寞又下山了。當他再次上山的時候，師父對他說：「你不如在廟宇和塵世之間的涼亭那裡，辦一個茶攤，賣茶過日子，不必拘束於佛門戒律，也不必認真去做一個俗人。」

僧人聽從了師父的建議，還俗娶了妻子，辦起茶攤。他每天下看塵世，上聽佛音，自得其樂。多年後，妻子去世，又過了幾年，他把茶攤送給別人，然後跑到廟裡，跪在師父面前說：「我覺悟了。」然後就此坐化，修成正果。

一個安靜的生命，無意去抵制世間的枯燥和貧乏，只是想靜享內心的豐富和圓滿。安靜，不是漠視這個世界，而是與這個世界若即若離，享受生命的完整。一個安靜的人，不會去和世間事計較。

人會長大、變老、死亡，這是既定的規律，我們從一個原點誕生、出發、行走、放射，最後，我們仍然會結束於一個原點。活著，是一個原點到另一個原點的主題。

活得太計較，累人、累己、累心。有些事，問清楚便是無

第 5 章　鬥氣的陷阱：贏了場面，輸了自己
第一節：有些事情不用太計較

趣。連佛陀也說，人不可太盡，事不可太盡，凡是太盡，緣分勢必早盡。如同看透生死，就沒什麼可怕的了；看透情緣，就沒什麼可愛的了；看透名利，就不再有什麼欲望了；看透蒼茫，就無心無涯了。哲學家和思想家孤獨的原因也不過是因為活得太明白了。

有時候，人需要經常審視自我，了解自己遠比了解別人重要得多。細想我們今天所擁有的一切，得益於明白，也損益於明白。有時只需糊塗一點，便能水到渠成。偏偏一切都要探個究竟，只能得到曲終人散、悽風苦雨。

心態表示一個人的精神狀態，有良好心態的人從不會斤斤計較，不會鑽牛角尖。只有擁有了良好的心態，你才能每天保持一個飽滿的心情。心態好，運氣就好。人活在世，凡事都要看開點、看遠點、看淡點，心胸要豁達些、大度些，既然無法改變不順心意的現實，那就改變自己對這些事情的看法。

欲望是無止境的，欲望越高，一旦不能得到滿足，形成的反差就越大，心態就越容易失去平衡，所以降低欲望是我們改變心態的第一步。

另外，是要學會忘記，不要對過去的事情耿耿於懷，過去了的事就讓它過去，這樣才會少很多煩惱，心情才能舒暢。做人要知足，做事要知不足，做學問要不知足。

那麼我們怎樣才能減輕負面情緒呢？

第一要學會讓自己安靜，把思維沉下來，降低我們對於事

Part 2　脾氣的殺傷力：別讓它成為你的枷鎖

物的欲望，經常把自我歸零，每天都是新的起點。只要你對事物的欲望適當降低，就會贏得更多的機會。

第二要學會關愛自己，只有愛自己，才能有更多的能量去愛別人，如果有足夠的能力，就要盡量幫助你能幫助的人。那樣你除了自己內心的快樂，還能收穫到別人的快樂，也是一種減壓方式。

第三，遇到心情煩躁的時候，喝一杯白開水，放一曲舒緩的輕音樂，閉上眼睛，回味身邊的人和事，在心裡慢慢籌劃未來，這既是一種休息，也是一種冷靜的思考。

第四，多和自己競爭。沒有必要嫉妒別人，只和昨天的自己相比。為自己的每一次進步而開心，即使是很小的事。複雜的事情簡單做，簡單的事情認真做，認真的事情反覆做，爭取做到最好的自己。

第五要培養閱讀的好習慣。閱讀實際就是一個吸收養料的過程，現代人面臨激烈的競爭、複雜的人際關係，為了讓自己不至於在某些場合尷尬，可以進行廣泛的閱讀，充實自己的頭腦也是一種減壓的方式。肚子裡沒有內容的時候會增加我們的焦慮，這是你的求知欲在呼喚你，只要活著就需要養分。

第六，要自信。無論在任何情況下都不能看不起自己，哪怕全世界都不相信你，看不起你，你也一定要相信自己。連自己都不相信自己，又怎麼能指望別人去信任你呢？

第七是學會調整情緒，凡事盡量往好的地方想，很多人遇

到一點事情，就急得像熱鍋上的螞蟻，本來可以很好解決的問題，正是因為情緒掌控得不好，就讓簡單的事情複雜化了。遇到棘手的事情，冷靜點，然後想如何才能把它做好，你越往好處想，心就越寬，越往壞處想，心就越窄。

第八，珍惜身邊的人，能成為朋友、家人、同事、同學都是我們的緣分，良言一句三冬暖，惡語傷人六月寒。盡量不要用語言去傷害別人，即使是遇到自己不喜歡的人，找理由離開也不要正面起衝突，那樣不僅會讓場面尷尬，也會讓自己的心情變壞，所以要珍惜身邊的一切。

第九，熱愛生命，即使世間有這麼多不公平的事，即使它有時會讓你沮喪，讓你失望，也不要停止熱愛生命，只有這樣，我們才能活出精采和豁達。

減輕自己的負面情緒，保持良好的心態，用真心和愛去面對生活，不要計較得失，學會發現身邊讓人感動和充滿希望的事情，用一顆感恩的心去看世界，世界才會對我們報以同樣的善意。

第二節：換位思考，控制自己的脾氣、

有人在生活中看到了許多疑問，卻看不見它本身也處處充滿著答案。所謂仁者見仁，智者見智，不過這只是對仁者與智

者而言，其他人什麼也看不見。你不能指望一個從沒讀過書的人突然有一天自己開竅就看懂了相對論，也不能指望一個心智尚未開發的孩子看懂生活的本質。你思考的方式，就是你人生的方式。

你永遠從自己的角度出發，從自己以往的經驗出發，自然不能理解與你意見不合的人的想法。但是如果我們換位思考呢？對方所經歷過什麼事，他從什麼樣的環境長大，是否是這些造就了他和我在這個問題上的分歧，換位思考讓我擁有更多的包容心和理解別人的能力。

我們總是羨慕那些懂得思考、能夠思考的人，因為他們總是能從你眼中的尋常之物裡看到不同的樣子。你只看見生活的不易，他們已經看到了生活的可愛，你只看見歲月的無常，他們卻看見了生命的精采，你只看見了自身努力沒有得到相應回報的苦惱，他們卻看見了任何一次努力本身就已經是一種回報，任何挫折自身就是一種提醒。

思考給我們的生活提供了很多的可能，讓我們在看待一個問題的時候，可以有更多不同的選擇。

在情緒控制中也是這樣，要調節好自己的脾氣，重點是將自己易發怒的思維方式轉變過來，多從對方的角度去思考問題，這樣才能從根本上解決問題。

生活的實際告訴我們，你無法真正理解那些你從來沒有經歷過的東西，我們大多數人認識的生物演化，就是從單細胞到

第 5 章　鬥氣的陷阱：贏了場面，輸了自己
第二節：換位思考，控制自己的脾氣、

多細胞，從水生到陸生，從猿到人，這是一個從簡單到複雜的過程，適者生存，這些是經過驗證的演化論。但是演化還有另一種解釋，人類的不斷演化是變得越來越聰明，是為了尋找更深的意義，是一種生命價值的實現，這種實現，需要依賴思考的力量。

換位思考是思考中的一種，它可以有效地用來處理我們情緒上的問題。所謂換位思考就是設身處地地為他人著想，理解至上。

甘地有一次外出，在火車即將要啟動的時候，他急匆匆地踏上車門，不小心一隻腳被車門夾了一下，鞋子掉在了車門外。火車啟動後，他毫不猶豫的將自己的另一隻鞋也脫下來，扔出了窗外。一些乘客不解地問他為什麼要把另一隻鞋也丟掉，甘地說：「如果一個窮人正好從鐵路旁經過，他就可以得到一雙鞋，而不是一隻鞋。」

甘地之所以能被稱為「聖雄」，就在於他能時刻站在底層人民的立場上去思考問題，將窮人的苦難視為自己的苦難，由此產生崇高的大悲憫情懷，足以見得換位思考的意義之非同尋常。

換位思考是我們學習做人、學會做事的第一步，可見換位思考是我們每個人都應該做到的事。唯有換位思考才能產生同理心，才能找到對方的需求，更容易理解別人並幫助別人，從而讓自己的付出有個好的著力點，這樣才可以替自己減輕煩惱

Part 2　脾氣的殺傷力：別讓它成為你的枷鎖

和痛苦，減少對方麻煩，最終大家很快樂。

孔子說：「己所不欲，勿施於人。」自己都不想做的事，也不要強迫別人去做。將心比心、設身處地，是達成理解不可缺少的部分，它要求我們站在對方的立場上思考問題，從而與對方在情感上得到溝通，它既是一種理解，也是一種關愛。

在遇到不順心的事情時，先不要去埋怨、去指責，換個角度，換種思路，你會發現，世界大不一樣。要以責人之心責己，要以寬己之心寬人，說的就是這個道理。

在實際工作和生活中，如果我們遇到事情都能夠學會換位思考，我相信心情就會好很多，煩惱會少很多，教訓和經驗總結就會有很多，成長進步當然也會快很多。人生的道路很長，途中我們會遇到很多煩惱的事，這些或大或小的事讓我們不堪其擾，憂愁倍增。人生的道路很短，和宇宙星辰相比，我們的生命不過彈指一揮間，何不用這有限的生命做一些比煩惱更有意義的事情呢？

大千世界中的芸芸眾生，相遇需要緣分，相處需要真心，但不是所有人都有真心，所以你的真情也不要錯付。生活就是這樣無情又有情。相信美好、期待美好，卻也接受不會天天美好。生命這場苦樂兼有的旅行，酸甜苦辣都只有自己感受，能與他人說的只是小部分，不能說的才是大部分。所有的情緒都需要自己消化，看開了、放下了、不執著了，也就快樂了。

有一項調查顯示，人們擔憂的事情中有 40% 從未發生過，

第 5 章　鬥氣的陷阱：贏了場面，輸了自己
第三節：別讓他的脾氣左右你的情緒

30% 的憂慮是過去發生的事情，這是沒辦法改變的，12% 的憂慮集中於別人處於自卑而產生的多餘憂慮，10% 的憂慮是那些毫無意義的瑣碎事情，8% 的憂慮可以列入合理範圍，但其中的 4% 是完全不能控制的。所以我們在生活中大部分的憂愁都沒用的，若能盡量減少這沒用的部分，我們控制自己的脾氣應該會容易一些。

就像蘇東坡說的：「橫看成嶺側成峰，遠近高低各不同。不識廬山真面目，只緣身在此山中。」如果萬事都能學會換個角度去看，我們生活中就會減少許多不必要的煩惱，增添不少快樂，那笑意將永遠在我們臉上蕩漾。

用自己認為好的方法來對待別人，是自作多情；用希望別人對你的方法來對待別人，是將心比心；用別人期望的方式來對待別人是善解人意；為對方著想，這是最樸素也是最高超的技巧。

第三節：別讓他的脾氣左右你的情緒

生活中的普通人，總是容易淪為情緒的奴隸，一遇到不順心的事就眉頭緊鎖，茶飯不思。工作中，因為加班或者業務繁忙，就開始嘮嘮叨叨、抱怨不休，甚至大發雷霆。與自己的另一半在日常相處中，因為意見不合就產生分歧，由爭論到情緒

Part 2　脾氣的殺傷力：別讓它成為你的枷鎖

失控，也是常有的事，情緒是心魔，要麼你主宰它，要麼它被你駕馭。

我們經常會說，我們生氣是因為別人對自己做了過分的事，像上司不分青紅皂白就罵人，個別同事故意孤立你，客戶自視甚高，將你當成僕人一般使喚。但是要讓別人的做法影響到你的情緒呢？

在這個資訊化社會，每個人都在進步，生活變得匆忙，但越是這種時候，我們越要留一些空白的時間和空間給自己。靜下心來，對心靈、情感、情緒進行觀察，樹立正確的人生信念，以及健康的價值觀，面對消極情緒，勇敢的理解它，讓它得到有效處理，讓消解成為水到渠成的事。

無論是職場還是生活中，不能很好地控制自己的情緒，不但會讓自己焦躁不安，也會打擾到身邊的人，時間長了，大家自然會疏遠你。當你肆無忌憚發脾氣的時候，你有沒有考慮過身邊人的感受？當你莫名其妙一把鼻涕一把淚的時候，你有沒有考慮過手上急需完成的工作？當你隨心所欲陰晴不定時，你有沒有顧及到家人的承受能力？控制好自己的情緒，小到生活的點滴，大到個人的人生發展，都會因此受益。

不輕易被他人影響到自己的情緒，做到「無事心不空，有事心不亂，大事心不畏，小事心不慢」，和自己的情緒融為一體，控制好自己的情緒，你會發現，不論友情還是愛情，不管是家庭還是事業，都會變得順風順水。

第 5 章　鬥氣的陷阱：贏了場面，輸了自己
第三節：別讓他的脾氣左右你的情緒

美國心理學大師亞伯特‧艾利斯一生都致力於幫助人們解決生活中的心理和情緒問題，她將我們的不良情緒分類，並且分析每一類不良情緒的來源和應對。四種不良過激情緒：第一種是過分的煩躁，包括緊張、沮喪、惱火、擔驚受怕；第二種是過分生氣，包括戒備、憤怒、感到挫敗；第三種是過分憂鬱，表現為無精打采，一蹶不振，鬱鬱寡歡；第四種是過分內疚，包括過分承擔責任、過分悔恨、過分自責。

這裡面出現頻率很高的詞是「過分」，到底怎麼將這個「過分」進行量化呢？艾利斯認為在 85% 的情況下，人是能辨識自己的過激的，因為這個判斷標準，就存在於我們的本能當中。也就是說，大部分時候，我們心裡是知道自己過分的，但是卻不想承認。還有另外的 15%，我們意識不到自己的行為是過分的，但是周圍的人應該能看出來，如果有人提醒你說：「這件事你可能有些過分了。」你就需要反思一下了。

關於情緒的來源，包括三個部分，首先是你生活中發生的事或者遇見的人，他們可能會刺激到你；其次是你的想法，也就是你怎麼看待別人刺激到你的這件事；最後是導致的情緒和看法，也就是說情緒由發生的事情和你的看法兩部分所影響，而身邊發生的事我們往往無法控制，但是我們對事物的看法卻是我們能夠控制的部分，如果這方面掌握得好，我們完全可以調節自己的情緒。

對於一件事的看法是我們是否會被情緒所左右的關鍵點，

所以關於這點，艾利斯將錯誤的想法分成三種。

第一種是恐怖化，總是喜歡把一件事想得很嚴重。比如和自己的愛人吵架後，總是會想，他是不是不愛我了？他不會是另有新歡了吧？萬一我們總是吵架導致了離婚我該怎麼辦？總是將問題恐怖化會讓人變得神經兮兮，失去對事物的理性判斷，也會影響到你處理問題的方式和態度，這種情況下，你的決定所產生的結果會產生偏差，事情很可能會朝著你擔心的方向發展。

第二個錯誤的思維方式是絕對化，就是我不應該那樣做，我這樣做會更好，這樣就會拿下這個專案了。一個總是用這種思維想問題的人會給身邊人很大壓力，他們通常對自己要求很高，不斷的向自己提出目標，也會要求身邊人按照自己的想法去行事。

第三種思維方式是合理化，把現存的一切都當成是合理的，他認為一切事情都沒有什麼努力的空間，「我做不到，我就是這樣」的話常常成為他們的內心獨白。當我們將所有事情都合理化時，其實是在軟弱的對待問題，逃避真正的問題。

這三種錯誤的思維方式會導致我們的人生出現各式各樣的痛苦。正確的思維方式是先反思自己為什麼會有不良情緒，然後從自己、他人和當下關係的角度來審視自己，反思該怎麼對抗不良情緒，最後問問自己怎樣做是更好的選擇。如果實在想不出就接受現有的結果。

第 5 章　鬥氣的陷阱：贏了場面，輸了自己
第四節：寬容，就是在善待他人的同時成全自己

　　自我管理的能力是需要慢慢培養的，揠苗助長很有可能前功盡棄，最後落了個虎頭蛇尾。重點是我們要從不被別人的情緒所左右開始，因為那是我們控制能力範圍之外的事。

第四節：寬容，就是在善待他人的同時成全自己

　　寬容是人類生活中至高無上的美德，它可以超越一切，寬容需要一顆博大的心，它是人類最重要的情感。寬容別人也是放過我們自己的過程，多一點寬容，我們生命中就多了一點空間。在有朋友的路上行走，才會有關愛和扶持，驅散寂寞和孤獨。

　　寬容的偉大在於發自內心，它是真誠的、自然的。寬容是一種充滿智慧的處世之道，吃虧是福，誤解和謾罵都不必去計較，以博大的胸懷和真誠的態度寬容別人，等於送給自己一份神奇的禮物。

　　狄仁傑是唐朝的一名大將，他待人寬厚，深得民心。一次，武則天派宰相張光輔到汝南去討伐造反的李貞，因為百姓早就對李貞不滿，一起反對他，所以李貞很快就被打敗了，全家一起自殺。但他的黨羽還有兩千多人，他們被俘後，張光輔將他們全都判了死刑。

　　狄仁傑當時在豫州做刺史，聽說了這個消息，他連忙寫了

Part 2　脾氣的殺傷力：別讓它成為你的枷鎖

一封奏章給武則天，說那兩千多名李貞的黨羽，是被李貞威脅的，並非存心造反，如果把他們全部殺死，實在是冤枉，也未免太過殘忍了，請皇上寬免。

武則天聽了狄仁傑的話，就把這兩千多人都免去死罪，改罰到邊境去服役。

張光輔消滅了李貞，自認為有功，縱容他的士兵，到處搶劫看，鬧得百姓雞犬不寧。狄仁傑不忍百姓受苦，為其伸冤，向張光輔提出抗議。張光輔心裡恨狄仁傑，回到京城後立刻向武則天進讒言。武則天誤信了張光輔的話，將狄仁傑貶到復州去做刺史。

狄仁傑外遷之後，武則天常常想起狄仁傑之前的功績，又想到因為一面之詞就將他貶官實在是有些不妥，就將他召回京做官。

有一天，武則天對狄仁傑說：「你之前做官時成績很好，因為有人說你的壞話，我一時沒有察覺，才將你貶到復州去，你現在回來，想知道說你壞話的那個人是誰嗎？」狄仁傑回答說：「如果我有過失，應該把它改掉；要是沒有過失，我的心就已經很安樂了，何必知道說我壞話的人呢？」

從這件事中，我們可以感受到狄仁傑寬厚待人的風度。張光輔將李貞黨羽判處死刑的消息相信不止有狄仁傑一人知曉，其他的官員應該也都聽說了這件事，但是朝野上下卻只有狄仁傑提出了不同的聲音，他不怕得罪宰相，只為那兩千多人能得

第5章 鬥氣的陷阱：贏了場面，輸了自己
第四節：寬容，就是在善待他人的同時成全自己

到公正的審判，這才是真正為民請命的好官。

當張光輔因為此事報復狄仁傑，狄仁傑卻用一顆寬容的心包容了所有的不公平，這才是大家風範。狄仁傑的宅心仁厚與張光輔的心胸狹隘形成了鮮明的對比，也正是因為這樣，狄仁傑才成為了流芳千古的名將。

有人說寬容他人會助長他的氣焰，我想說低姿態有何不可？

金馬獎影帝黃渤說：「一個成功的人永遠不會驕傲。」他本人也一直將謙遜看得很重要，從不耍大牌。相比那些從夾縫中看人的成功人士，高下立見。他們將自視甚高稱為「自信」，我想他一定是對「自信」一詞有什麼誤解。自信從來不會建立在否定他人的基礎上，那是一種不尊重他人的淺薄和沒有涵養的狂傲。

生活中充滿變數，從沒有常勝將軍或常敗將軍，這些都在提醒著我們處事要低姿態，狂傲終將讓你落得「固一世之雄也，而今安在哉？」的悲劇下場。常懷一顆謙遜之心，便不會主動挑起爭端，在別人做出對不起自己的事情時，謙虛的人也會選擇寬容對方，以德報怨。

我們說的低姿態並不是為人要低三下四，唯唯諾諾，而是心中可以有不甘人後的傲骨，但為人做事要低調，不要目空一切，學會在低調的沉澱中追求高目標、高境界的事業，這樣才能綻放人生的華彩。

寬容是一種美麗的情感，一種良好的心態，也是一種崇高的境界，寬容別人，心胸像天空一樣寬闊、透明，人性中開出花朵，寬容自己，在失敗之後停止對自己的申訴，心裡就會少一份懊悔和沮喪，能在心底扶起一個堅強的自己。

寬容是甘甜柔軟的春雨，可以滋潤人內心的焦渴，給這個世界帶來勃勃生機，寬容是人性中最美麗的花朵，可以慰藉人內心的不平，給這個世界帶來和，忘掉仇恨，遠離仇恨，用一顆寬容的心去寬容一切，擁抱一切。寬容別人，也就是寬容我們自己。

寬容是一種修身養性的調節閥，寬容是一種良好的心態和美麗的情感，寬容是一種非凡的氣度和寬廣的胸懷，寬容是一種高貴的品格和崇高的境界，寬容是一種仁愛的光芒和無上的福分，寬容是一種生存的智慧和生活的藝術。

第五節：別鬥氣，得饒人處且饒人

水至清則無魚，人至察則無友。做人當然不能得過且過地混日子，但也不能太計較。人非聖賢，孰能無過。人與人相處就要互相理解、互相體諒，得饒人處且饒人，這樣才會有越來越多的朋友，而不是只能關上門來稱孤道寡。

俗話說，宰相肚裡能撐船。古今中外能成大事者，都能

第 5 章　鬥氣的陷阱：贏了場面，輸了自己
第五節：別鬥氣，得饒人處且饒人

容人所不能容，忍人所不能忍，善於求同存異，團結大多數人。他們一般都為人豁達、不拘小節，所以才能成就不平凡的人生。

不過，要求一個人真正做到能容人不是件簡單的事情，需要有良好的修養、善解人意的思維方式。生活需要彎曲的藝術，做人處事需要一點彈性空間。如果我們明確了，哪些事情可以不認真，我們就能騰出時間和精力，全力以赴地去做那些該做的事，成功機會和希望就會大大增加。

道格拉斯出身名門，年輕時就是美國政壇的一顆明星，但林肯出身貧寒，兩人同在春田市時，都追求過瑪麗，最終瑪麗成了林肯的夫人。道格拉斯和林肯的政見分歧也很大，特別是在對待美國黑奴問題上，常常針鋒相對。

代表民主黨的道格拉斯和代表共和黨的林肯競選國會議員時，林肯向道格拉斯發起論戰邀約，兩人在伊利諾斯州開展了多次辯論。最終在競選議員時，道格拉斯勝出，但在後來競選總統時，林肯獲勝。道格拉斯由於民主黨的分裂而以微弱的劣勢敗給了林肯。

1861 年 3 月 4 日，林肯在白宮東門口發表總統就職演說。當他緩緩走向演講臺時，臺下萬頭鑽動，掌聲四起，人們向他表示熱烈的歡迎。然而，事先沒有預料到的一個細節卻讓林肯有些尷尬。演講臺上沒有桌子，他不知道該把手杖和帽子放在哪裡好。

Part 2　脾氣的殺傷力：別讓它成為你的枷鎖

　　他向四周看了看，終於看到了一處柵欄，就將手杖掛在了上面。但由於柵欄太高，帽子掛不上去，放在地上顯然不合適，但也不能戴著帽子演講，脫帽是必須的禮儀。正在他尷尬之際，道格拉斯走上前來，伸手接過了林肯的帽子，捧在手上，直到所有的儀式都結束了為止，林肯微笑的向道格拉斯點頭示意，道格拉斯才又將帽子遞了回去。

　　對於總統競選的結果，道格拉斯有很多理由不服氣，甚至可以看林肯當眾出醜，發洩一下心中的積怨。但他沒有這樣做，反而是向林肯伸出了援手，這個動作顯示出了道格拉斯的修養和氣度，人與人之間的理念見解可以不同，但是修養和氣度卻是超越一切紛爭的人生境界。

　　胡適先生曾經說過：「世間最可惡的事，莫如一張生氣的臉。」你對待別人的態度，就是將來別人對待你的態度，唯有和顏悅色寬待他人，才有可能得到熱情的回應。如果別人對待你的態度讓你不舒服，這就是你展現風度的好機會到了，以微笑對不耐煩，以謙遜對傲慢，這才是涵養的最好展現。

　　對於「為什麼了解一個人要看他對陌生人的態度」這個問題的回答中，有一個讓人印象深刻，因為陌生人和你的利益不相關，對利益相關者的態度取決於 IQ 和 EQ，對不相關者的態度取決於素養和修養。要看清一個人的人品和教養，就去看看他們如何對待陌生人。

　　好脾氣是人生的一筆重要財富，儘管每個人都有自己的脾

第 5 章　鬥氣的陷阱：贏了場面，輸了自己
第五節：別鬥氣，得饒人處且饒人

氣秉性，有些人生性平和，有些人直率豪爽，也有些人剛正不阿，但不管怎樣，都要學會掌握和控制，千萬別讓你的脾氣害了你，那樣真得得不償失。

說到好脾氣，有些人在同事和朋友面前脾氣很好，大家都說他很隨和，但是卻對父母態度很差，稍有不如意，就是指責埋怨，任性不講理。仔細想想，這都是四五歲的小孩才會做出的事情，但是現在的成年人中，這樣做的不在少數。

一位作家受訪時被問到：「為什麼我們都把好脾氣留給外人，卻把壞脾氣留給最愛的人？」作家回答說：「這個錯誤，我也常常犯。對親近的人挑剔是本能，但克服本能，做到對親近的人不挑剔是種教養。」

生活中，我們和不同的人相處，會展現出不同的態度。陌生人前規矩禮貌，疏離中帶著客氣，同事之間可以開幾句熟絡玩笑，但始終不失分寸，普通朋友噓寒問暖，親近但不親密，在親近的人，尤其是父母面前，本性卻表露無遺。

孔子說，孝敬父母最難的事情是「色難」，就是說最難的是給父母好臉色。給父母買房子，請他們吃大餐、去旅遊是物質上給父母的享用，這是低層面的「孝」，而高層面的「孝」，應該表現為對父母精神上的敬重和感情上的安慰。

所以不要以為得饒人處且饒人，指的就是對得罪你的人要寬容，對沒有得罪我們還全心全意愛我們的人，我們更要「饒了」他們，別讓他們在我們的壞脾氣中委曲求全。

Part 2 脾氣的殺傷力：別讓它成為你的枷鎖

邱吉爾是英國顯赫貴族公爵馬爾博羅家族的後代。英國除了王室以外，公爵家庭總共不超過20個，馬爾博羅家族按爵次序名列其中第十位。邱吉爾的母親珍娜是美國百萬富翁傑羅姆的女兒，1873年與邱吉爾的父親倫道夫結婚。

1895年，倫道夫因病去世。這時的珍娜雖然已經四十多歲，但卻依然美艷驚人，風姿綽約。不久，她萌生了嫁給一個25歲男人的想法。然而消息一出，立刻遭到眾多親友的反對。

就在珍娜幾乎要放棄的時候，25歲的邱吉爾堅決地握住她的雙手：「親愛的母親，就算全世界都反對您，我也會勇敢地站在您這邊，所以，請您也一定要勇敢。」兒子鼓勵的目光，讓珍娜義無反顧地披上了潔白的婚紗。

但是這段婚姻並沒有維持太長時間。十多年之後，邱吉爾憑藉卓越的才能躋身政界。而六十歲的珍娜也要再次迎來婚禮。這次的決定同樣遭到眾人的強烈反對，尤其是兒子的那些反對派們。珍娜猶豫了，她知道邱吉爾一直期待著用自己的能力實現抱負的那天，她不想因為自己耽誤兒子的前程。

讓珍娜意想不到的是，兒子又一次握住了她的手說，如果讓我在仕途和您的幸福之間做選擇，我心甘情願地選擇後者。請您不要再有任何顧慮。母親幸福，我才幸福。於是珍娜又一次開心地邁進了婚姻的殿堂。婚禮上，兒子依然像上次一樣堅強地站在她身邊，而另一邊則是比兒子還要年輕的新郎。

能夠兩次接受母親的再婚，也許很多人都能做得到，但是作為一名公眾人物，當政治前途可能會被這件事所影響的時

第 5 章　鬥氣的陷阱：贏了場面，輸了自己
第五節：別鬥氣，得饒人處且饒人

候，可能有些人就會退縮了，若是再加上自己的繼父兩次都是和自己年齡差不多的人，恐怕能接受的人就寥寥無幾了。邱吉爾能做到，因為他懂得不被社會輿論所捆綁，「饒過」母親，她沒有義務再為了自己的前途放棄幸福。

　　心寬一寸，路寬一尺。所謂放下，就是要放下那些無謂的執著和固執的偏見。風起時，笑看花落，風停時，淡看天際。懂得放下，是放過別人也是放過自己，生命才會更加完美。

Part 2　脾氣的殺傷力：別讓它成為你的枷鎖

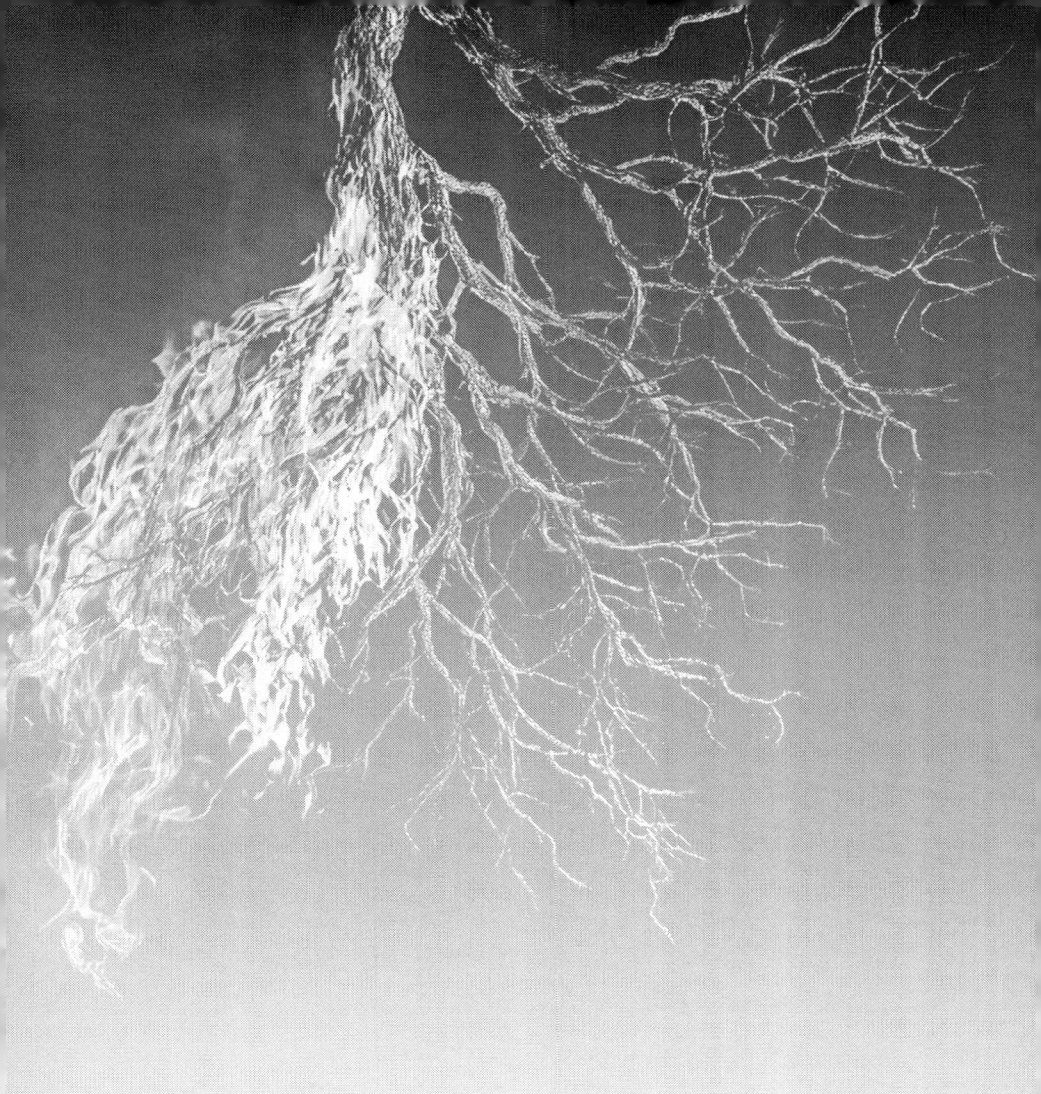

Part 3
成為情緒的主人：
修練你的脾氣控制力

Part 3　成為情緒的主人：修練你的脾氣控制力

第 6 章
冷靜就是力量：
掌控情緒的關鍵時刻

第一節：不浮躁，做事要「沉」得下去

真正的高貴，不是在和別人的比較中勝出，而是與過去的自己相比有了進步。浮躁讓你無法交出有品質的生命答卷。有段網路流行語「貧窮限制了我的想像力」，從某種程度上來說，浮躁和貧窮帶給我們的影響力是一樣的，因為它們的聚焦點都在匱乏上。

浮躁是因為我們深感自己的匱乏，而造成我們覺得自己匱乏最大的原因是與他人的比較和恐懼。

力克胡哲天生沒有四肢，他也曾想過要把自己淹死在浴缸裡，可是想到自己死後，父母會以怎樣的心情在他的墳前哭泣，便放棄了這個想法，決定堅強的活下來。在他19歲時，他打電話給學校，推銷自己的演講。可是前後被拒絕了52次，最後終於得到了學校給的一個5分鐘的演講機會，以及50美元的薪水。

在堅持不懈地推銷自己的過程中，他成為了世界著名的演

講家，在全球 34 個國家演講過，每年都會接到 3 萬個來自世界各地的邀請。

我們可能看過他很多的演講影片和他的書，但我們還是無法想像他的人生。不過我們依然可以聯想到，在他尚未成功的無數個日夜中，他沒有急於證明自己，而是勇敢地接受自己，才讓他最終可以以最柔軟的姿態，去展開他生命中不曾想過的發展。

我們可以看出，他成功的因素中很重要的一環就是不浮躁，不介意別人的看法，也不比較，不否定自己的心。沒有十年磨一劍的耐心，怎能取得過人的成就？

揠苗助長的故事就是一個反面例子。農夫因為想讓自己的禾苗快速成長，就去把田裡的禾苗全都拔高了，結果禾苗全部都死了。於是就有了揠苗助長這個成語，用來比喻不顧事物的本來規律，憑自己的願望做事，急於求成，反倒把事情辦糟了。揠苗助長不會獲得真正的成功，因為真正的成功，需要極大的耐心。

而浮躁產生的原因，大致有以下幾種：

▋目標缺失型

畢業之後的同學們，一旦有了穩定的工作、安逸的生活，就很容易出現失去目標的情況。每天按部就班的三點一線慢慢將我們的上進心消磨殆盡，包括這個社會目的性的想法，讓我

第 6 章　冷靜就是力量：掌控情緒的關鍵時刻
第一節：不浮躁，做事要「沉」得下去

們覺得做任何事情都是為了得到些實質性的報酬。如若不能，為什麼要費力去做呢？

這種類型的人可能沒有意識到目標會讓你凡事都有一個價值評判的座標，有了目標，相應的時間、精力就會有一個側重，你對自己能力的成長和判斷也會有一個了解。所以目標是無論在我們人生的哪個階段都需要有的。

方法缺失型

這類型的浮躁也很常見，有些人有目標，渴望改變自己，但有時候缺乏方法，做事效率低。投入了大量的精力和時間，但是卻沒有達到自己想要的效果，於是就開始慢慢急躁起來，不能再繼續按照自己的計畫進行實施，而是懷疑自己努力的方向出現了問題。

就像是減肥，你計劃每天跑五公里，但是在堅持了半個月之後，你發現自己竟然只輕了一公斤，於是你開始懷疑這種減肥方法對你是否適用，少吃一頓飯可能也能輕一公斤，那這半個月的痛苦堅持意義何在呢？這就是開始浮躁的想法。

但實際上，比起達到目標，你實現目標的過程其實是更重要的，因為你的習慣得到了訓練。提高某一點上的效率是方法上的問題，而習慣是整個體系的改善。即使低效率地跑了半個月，在方法上沒有改善，但是你長時間堅持跑步的習慣已經在潛移默化中提升了，這樣，當日後你的方法累積起來的時候，

習慣會讓它們造成加乘的效應，這是光知道一個方法的人比不上你的地方。

▎對比型

這種浮躁的來源是和別人進行比較，這類人往往很難享受自己的進步和成功帶來的成就感和喜悅。他們總是看到比自己強的人，或者比自己更優秀的人，總是感覺自己做的還不夠。

這類人不懂得要關注內在價值評價標準，這種標準是建立在和自己比較的基礎上，自己的能力、知識有沒有提升，如果有，就應該大膽的去肯定自己、欣賞自己。

▎自卑型

自卑型浮躁和對比型浮躁有相似的地方，但是還稍有不同。對比型浮躁的人有可能在能力和基礎上不比別人差，只是被自己狹隘的思維方式給限制住了。但是自卑型浮躁的人，有時自身能力方面的確是比較差。

這部分人中很大一部分來自於中小城市，突然進入一個更高的平臺，身邊的人都比自己要見識廣、能力高。但是自己受制於過去的環境，眼界、資源和能力都比較有限，發現自己過去的優勢和優點都不復存在了，很容易會陷入到自卑之中，從而走向兩個極端：要麼是自尊心特別強，急於證明自己，要麼就是特別軟弱，特別消極，什麼事都提不起興趣。

這類型的人，除了要關注自己內心的價值評價標準以外，

第 6 章　冷靜就是力量：掌控情緒的關鍵時刻
第一節：不浮躁，做事要「沉」得下去

還要特別注意樹立一個成長的「時間觀念」，當你注意到自己和別人的差距之後，你已經開始進步了，在隨後的追趕過程中，你要給自己時間，隨著時間的推移，差距是會被一點點縮小的。

預期型

這種類型浮躁的原因在於大家總喜歡為自己制定一個預期，當預期不如意甚至結果還沒發生時，就已經開始陷入了焦急、失落、害怕失敗的心態中。比如很多考研究所的同學，在考試之前就總是開始去想，我要是考不上該怎麼辦，別人嘲笑我該怎麼辦？對於這種類型的浮躁，主要辦法就是降低預期，不要給自己設定過高的目標，另外也要想到最壞的結果及其應對辦法，做好心理準備就能更好的應對。

陷入浮躁的時候，平復我們的情緒其實是很重要的，浮躁對我們本身產生影響的媒介就是情緒，不要將浮躁當成很嚴重的問題，你越想擺脫它其實越容易陷入浮躁帶來的不良影響。首先勸說自己這是正常的，把它看作成長的一部分坦然接受，然後慢慢的思考，看到不利局面中對自己有利的部分，用行動中的正面成果回饋給自己，不斷去強化正面的情緒，浮躁感自然而然就會消失。這整個過程只要你順利開展一次，就會知道，有時候慢一點達到的效果更好，有時一味的求快反而會適得其反。

Part 3　成為情緒的主人：修練你的脾氣控制力

　　沒有耐心其實是一個人軟弱的表現，因為他急於證明自己，在這個極力證明的過程中，讓自己失去了本該有的耐心，從而導致自己失去了可能有的最佳創造。急躁，會限制我們對人生的想像力，因為你永遠不知道，一個不浮躁，安然走在自己時區裡的你，會有多麼的獨一無二和與眾不同。

第二節：在情緒糟糕時，請不要做任何決定

　　人的一生不可能總是順順利利的，而是會遇到很多意想不到的事情，這些事情會讓你情緒低落，陷在負面情緒裡出不來，你對身邊的一切都不感興趣，異常煩躁，你現在唯一的想法就是擺脫這種不好的感覺，你在這個時候可能會衝動的做出一些決定，來擺脫這些負面情緒，但往往在這種情況下做出的選擇，總是不那麼明智的，有些人甚至會等這些情緒過去後開始後悔當初的決定。

　　當你充滿了負面情緒的時候，不要輕易去做決定，你要做的就是盡量透過其他辦法來擺脫這些負面情緒。

　　美國一個廣告公司的部門經理弗雷德工作一直很出色。有一天，他感覺心情很差，但是這天他還要在開會時和客戶見面談話，所以不能有低落的情緒和萎靡不振的神情。於是他在會議上笑容可掬，假裝出心情愉快又和藹可親的樣子。

第 6 章　冷靜就是力量：掌控情緒的關鍵時刻
第二節：在情緒糟糕時，請不要做任何決定

讓人驚訝的是，他在裝了一段時間之後，卻發現自己不再憂鬱不振了。

美國心理學家霍特發現，弗雷德在無意中運用了心理學的一項重要規律，也就是假裝有某種心情，模仿這種心情的外在表現，往往能幫助我們真的獲得這種心情。

有些人通常在情緒低落的時候將自己關起來不見人，直到壞心情消失為止。他們這樣做的原因可能是避免自己的壞情緒影響到周邊的人，但是心理學家們都認為，除非人們能改變自己的情緒，否則通常不會改變行為。

心理學家艾克曼透過實驗證明，一個人總是想像自己進入了某種情景，並感受某種情緒時，結果這種情緒十之八九果真會到來。需要注意的是：隨著年齡、性別、職業、性格等因素的不同，情緒變化的程度和時間也不一樣。情緒有了變化之後，伴隨每一種情緒的外在表現，生理反應也會出現變化。

一位心理學系教授經過實驗後認為：故意裝作生氣的實驗者，因為所假裝的行為的潛移默化的影響，他也會真的憤怒起來，表現在待人接物、言談舉止等方面，同時，他的心率和體溫也會上升。為了調節好情緒，我們平時不妨也對自己的心情進行一番「化妝」。

人在情緒不佳時，是意志最薄弱的時候，這個時候無論我們做出什麼決定，事後都一定會後悔。當你生氣的時候，你說的每一句話都像是一把利劍，直指人心，對人造成深深的傷

害。所以,為了不讓我們做出衝動無法挽回的決定,在你情緒糟糕時,千萬不要做出任何決定。

著名詩人普希金妻子的外遇成為他的「家醜」不斷被擴散,甚至還有些別有用心的人添油加醋地對這件事議論紛紛,希望透過這些來刺激詩人的自尊心,懷有敵意地不斷製造他妻子的「緋聞」。甚至有些人更過分,寄給普希金一封極其卑鄙的信件,稱授予他「烏龜」的稱號。

普希金不能忍受這種侮辱,憤怒的火焰慢慢充滿了他的心胸,他可以失去一切,但不能失去自己的名譽。於是普希金忍無可忍,向傳說中的第三者——法國士兵丹特斯提出決鬥。

雖然丹特斯聲稱,他追求的是普希金妻子娜塔莉亞·岡察洛娃的姐姐,普希金的朋友也不同意他的做法。但普希金這時已經被憤怒沖昏了頭腦,他決定以自己的行動,在眾人面前維護自己名譽的純潔。

決鬥如期舉行,這場秀才遇到兵的決鬥,結果可想而知,才華橫溢的詩人就這樣走完了自己38年的生命歷程。

可能很多人都曾有過這樣的想法,人家一撇嘴,你就覺得對方討厭你了,別人說的話並沒有什麼敵意,經你一分析,矛盾就出現了,別人在說自己的悄悄話,你卻懷疑他在說你的壞話。

雖然我們這樣生活在和平年代的普通人也許不會因為情緒而像普希金那樣丟掉性命,但是因為過於敏感而陷入心理迷思

第 6 章　冷靜就是力量：掌控情緒的關鍵時刻
第二節：在情緒糟糕時，請不要做任何決定

的人，仍然會活得很累。他們既要對付那些誇大了的「敵意」，又要撫慰自己由此產生的痛苦，自身的內耗是非常大的。如果發生在朋友間會破壞友誼的發展，如果發生在同事之間，會影響正常的工作和關係，如果發生在戀人之間，則會妨礙你們之間的感情。

要避免這些敏感和負面情緒帶給自己過多的影響，其中一個很有效的方法就是在情緒糟糕的情況下，不要做任何決定。普希金明知道對方是身經百戰的士兵，自己只是一個文字工作者，要在體力上戰勝對方是不可能的，但他還是做出了決鬥的決定，只能說明他的這個決定是不理智的。

一些人的冷嘲熱諷讓普希金進入了瘋狂狀態，不顧一切的要進行決鬥，可是決鬥真的比生命還要重要嗎？其實冷靜下來的普希金可能會想出無數種解決這件事情的辦法，但是在盛怒之下，他卻只能想到這個讓他喪命的辦法。

怒火的隨意宣洩可能會讓你暫時緩解心理上的壓力，給你帶來此時此刻的安全感，但你卻不能忽視它的一個直接後果——傷害。那種發洩方式是以身心受傷害為代價的，當把所有的不滿付諸行動後，傷害就會隨之而來，普希金告訴我們這種傷害甚至有可能是生命的代價。

智者以理智控制情緒，不智者以情緒控制理智。那麼智者控制情緒的方法有哪些呢？我們下面就來介紹一下。

首先，做人要有寬廣的胸懷，古人說，會當凌絕頂，一覽

眾山小。不管是做人還是做事，都要高瞻遠矚，有大格局，不要鼠目寸光，將注意力全都集中在瑣碎的小事上。

其次，要善於發洩自己的不良情緒，比如和朋友談心，打電話說明自己情緒上的問題，或者自己找個安靜的地方痛哭一場，把自己心裡的怨言寫下來，扔出去，這些都可以造成積極的發洩作用。

最後，要加強個人的思想道德修養。孔子云：君子坦蕩蕩，小人長戚戚。性格暴躁易發火是缺乏道德修養的表現，它和現代人的素養要求是格格不入的。要培養自己的忍耐性，有寬容之心。力求淡泊名利，寧靜致遠，做一個有修養、胸懷寬闊的人。

日常生活中，我們常會聽到有人說：「我以前經常發火，自從得了病之後我才意識到，任何事情都不值得大動肝火。」大家不要非等到患什麼病了才不發火，如果你要克服發脾氣的壞毛病就從今天開始吧！

一朝之憤，忘其身以及其親。每次在生氣前想一想這句話就會提醒我們，逞一時之勇，可能招致大禍。生氣的時候，最好口不發言，身無舉動，這樣或許可以免了犯罪。在盛怒之下，很容易出口傷人，事過之後，心中便悔恨了。遇事能控制自己不生氣，那可以說是很有涵養了。

第 6 章　冷靜就是力量：掌控情緒的關鍵時刻
第三節：狀態不好？換個事做

第三節：狀態不好？換個事做

　　歷史上有一個著名的醫生叫阿維森納，他對動物的生存環境問題做過一個試驗：把兩隻小羊同樣餵養，其中一隻放在離狼的籠子不遠的地方，由於經常恐懼，這隻小羊逐漸消瘦，身體衰弱，不久就死了；而另一隻小羊因為放在比較安靜的地方，沒有狼的恐嚇，而健康地生存下來了。

　　調查顯示，負面情緒會耗費大量的精力，而且由它所引起的生理反應也非常劇烈，分泌物的成分非常複雜且具有毒性，所以靠近狼的小羊因為長期恐懼而死了。我們人類也會有長期處於負面情緒之中的情況，像是工作方面所施加的持續不斷的壓力。但是我們比小羊幸運得是我們有很多方法可以去減輕直至幾乎消除負面情緒對我們的不良影響，其中就包括轉移注意力。

　　在美國，一些大型醫院和心理診所僱用一些「幽默護士」，她們陪患者看幽默漫畫並談笑人生，以此作為心理治療的方法之一。微笑和笑聲幫助不少重病患者或情緒障礙者解除了煩惱與痛苦。

　　誰也不願意看到朋友愁容滿面，笑容是大家所喜歡的。最近的醫學研究顯示，笑口常開可以防止傳染病、頭痛、高血壓，可以減輕過度的精神壓力，因為歡笑可以增加血液中的養分，並刺激體內分泌免疫物質，對抵禦病菌的侵襲大有幫助。

　　不習慣笑的人得病的機率會比愛笑的人高，一旦生病之

後，也常常是重病。美國醫學界將歡笑稱為「靜態的慢跑」。笑能使肌肉鬆弛，對心臟和肝臟都有好處。如果我們沒有時間去慢跑，我們可以每天多笑一笑，甚至哈哈大笑幾十次，以調節身體狀態，增進健康。

耶魯大學教授巴薩德強調說，有四分之一的上班族經常生氣，經常性的生氣就好像持續不斷的感冒一樣，會很嚴重的影響工作時的表現。所以在生氣或者情緒不好的時候，我們就要找個辦法轉移我們的注意力，先去做別的事情，不要一直陷入負面情緒中出不來。

我們可以先來想想生氣的根源在哪裡。其中一類是因為時間壓力或者資源不足所導致的；另一類型的生氣則是非常麻煩的，我們把它稱之為毀滅性的怒氣。毀滅性的怒氣經常是憤怒和壓抑所累積的結果，火力強大而且殺傷力非常驚人，幾乎到了攤牌而且醜話盡出這樣的程度。有時不見得要和自己有直接的關係，也許只是因為看不慣某一個人的作風或者是某一種互動的關係，然後就忍無可忍的動起了肝火。

當怒氣衝上頭的時候，我們一時之間會控制不了自己。很多專家都建議這種時候從生理方面來改變自己的心理狀態。比如離開現場找一個安全的環境，動動自己的身體，打球或者做體操。也可以去照鏡子，看到自己生氣的樣子，覺得很滑稽，忍不住撲哧一聲笑出來。

國外有一種「解脫室」，供沒有地方發洩怒氣的人在裡面爆

第 6 章　冷靜就是力量：掌控情緒的關鍵時刻
第三節：狀態不好？換個事做

發，來到解脫室的人是要付費的，依照費用高低拿到各種陶瓷花瓶和器皿等，通常客人們會先寫上痛恨者的名字，一邊破口大罵一邊將手中的物品往牆壁上用力的砸。

這種藉助外物轉移自己情緒的方式雖然可以暫時地抒解怒氣，但是很多人開始擔心這樣是否會演變成暴力行為的一種性格。如果不去察覺情緒的細微變化，卻總是用宣洩的方式去排解，怒氣其實並沒有真正地被消化掉，反而會形成惡習，並不斷地發生，最終的解決辦法還是要與自己盛滿怒氣的心靈來場對話，從而徹底地將怒氣趕走。

生氣對我們身體的影響不只是在內部，我們的外表甚至都會因為生氣而變醜。一個人在面試被拒絕之後不解地問道：「怎麼可以以貌取人呢？」對方的回答是：「30 歲以後每個人都要對自己的相貌負責。」佛家說相由心生，一個性格醜陋的人是不會相貌堂堂的，只會加速醜化速度。大量的實驗也證明，健康的心理能夠延緩衰老。

科學研究顯示，人生氣時身體的分泌物能夠毒死一隻老鼠，如果一個人生五分鐘的氣，不亞於跑兩公里所消耗的體能。科學家們因此得出這樣的結論：人在相當程度上不是老死的，而是被氣死的。所以，擁有健康的心理是非常重要的，我們要像珍惜自己的美貌那樣去培養我們的心理素養，使之泰然自若，平靜如水，那種處在世界颶風惡浪仍然心平如鏡的心理是世間最高的一種境界。

Part 3　成為情緒的主人：修練你的脾氣控制力

　　能讓人生氣的事情，一般都是侵犯到了自己的尊嚴或者是切身的利益，一下子很難冷靜下來，因此，當你察覺到自己的情緒特別激動、控制不住的時候，要能夠及時地採取轉移注意力的方法自我放鬆，並且鼓勵自己克制衝動。

　　比如：「不要做衝動的犧牲品」、「過一會再來應付這件事情」等，或者去做一些簡單的事情，去一個安靜的環境，這樣都是很有效的。人的情緒往往只需要幾秒鐘或者是幾分鐘就能夠平息下來。如果不良情緒不能及時的轉移，就會更加的強烈。比如生氣的人越是向憤怒的地方去想，就覺得自己實在有太多值得生氣的理由。

　　人在遇到憤怒、傷心的事情時，會把負面訊息傳到大腦，然後慢慢地形成神經系統的暫時性連繫，形成一個優勢中心，並越想越鞏固而且日益加重，如果馬上轉移，去想高興的事情，向大腦傳送愉快的資訊，建立愉快的興奮中心，就可以有效的抵禦並且避免不好的情緒，在冷靜下來以後，再思考是不是有更好的解決方法。

　　法國劇作家繆塞說，寬恕他人的過失，對於弱者來說，儘管要做很大的努力，但至少可以從憎恨他人的苦惱中解脫出來。如果不能寬恕，那麼至少忘記其過失吧！

　　一個人的一生中，不可能一切都那麼完美，沒有任何挫折和坎坷，實際上除了挫折，甚至還會發生一些不幸的事情。每當出現這種時候，我們盡量避免和自己的負面情緒進行正面交

第 6 章　冷靜就是力量：掌控情緒的關鍵時刻
第四節：排毒：學會給自己一個積極的心理暗示

鋒，而是要先暫時轉移自己的注意力到別的事情上去，如果能在這個過程中將之前發生的不愉快的事情徹底忘掉是最好的。學會遺忘，並且能夠換一個角度看社會，失望就會變成樂趣，憂鬱會昇華為一種歡愉。

第四節：排毒：學會給自己一個積極的心理暗示

諾貝爾文學獎得主赫曼‧赫塞說：「痛苦讓你覺得苦惱的，只是因為你懼怕它、責怪它；痛苦會緊追你不捨，是因為你想逃離它。所以，你不可逃避，不可責怪，不可懼怕。你自己知道，在心的深處完全知道 —— 世界上只有一個魔術、一種力量和一個幸福，它就叫愛。因此，去愛痛苦吧。不要違逆痛苦，不要逃避痛苦，去品嘗痛苦深處的甜美吧。」

情緒原本並沒有好壞之分，所謂的正面情緒和負面情緒都有其自己價值和功能，因此，一個心理健康的人不會去否定自己情緒的存在，而是會給它一個適當的空間允許自己有負面的情緒。只要我們能成為情緒的主人，而不是完全讓它來左右我們的思想和行為，就可以善用情緒的價值和功能。

在情緒管理中，心理暗示是一種非常有效的方式，心理暗示分為否定式暗示和肯定式暗示。心理學中曾經有過這樣一個實驗。

Part 3　成為情緒的主人：修練你的脾氣控制力

以一個死囚犯為樣本，對他說：「我們執行死刑的方式是使你放血而死，這是你死前對人類做的最後一點有益的事情。」在徵得了犯人的同意之後，實驗在手術室裡進行。

犯人在一個小房間裡躺在床上，一隻手伸到隔壁的一個大房間。他聽到隔壁的護士與醫生在忙碌著，準備對他放血。護士問醫生：「放血瓶準備5個夠嗎？」醫生回答：「不夠，這個人塊頭大，要準備7個。」

然後護士在他的手臂上用刀尖點了一下，算是開始放血，並在他手臂上方用一根細管子放熱水，水順著手臂一滴一滴的滴進瓶子裡。犯人只覺得自己的血在一滴一滴的流出。滴出3瓶的時候，他已經休克了，滴了5瓶時，他已經死亡，死亡症狀和放血而死一樣，但實際上他一滴血也沒有流。

上面這個例子屬於否定式暗示。相反，如果用肯定式暗示，就能夠增強信心，調節自己的心理狀態，動員自己最大的身心潛能去補充不足，達到目的。就像是在炎熱的夏季口渴得非常厲害的時候，自己想像很快就可以出現一碗酸梅湯，這樣也可以形成緩解口渴的作用。

在自我暗示的時候一定要選擇好自我暗示內容，因為暗示的內容選擇代表著自我暗示的性質。在普遍暗示的基礎上加上特殊內容的暗示，比如說，生氣是對自己智慧的侮辱，著急是對自己無能的懲罰，而且對事情的解決一點幫助也沒有。把這兩者結合起來，暗示的效果也就會更好了。

第 6 章　冷靜就是力量：掌控情緒的關鍵時刻
第四節：排毒：學會給自己一個積極的心理暗示

總而言之，自我暗示和激勵，就是要向自己提出任務，並且堅信自己有能力去控制自己的感情。喜歡發怒的人不妨為自己設一個座右銘，比如「生氣是無能的表現」，然後常常在腦海中提醒自己，獲得戰勝怒氣的精神力量。

一位年輕的歌手被邀請去試唱，她一直期待著這次面試。由於前幾次她心裡一直擔心失敗，所以在試聽時無法充分發揮。這位女歌手的嗓音很好，但她卻經常對自己說：「萬一他們不喜歡我的歌聲該怎麼辦呢？萬一我到時候發揮失常又該怎麼辦呢？」她的潛意識已經接受了這些消極的暗示，並在適當的時候做出了反應。這些偶然或者無意識的消極暗示被感情化和主觀化了。

後來她將自己關在屋裡，坐在沙發上，讓身體完全放鬆，閉上眼睛，讓心情安靜下來，因為身體的遲鈍對潛意識的順從和接受暗示是有益的。她在心裡對自己進行暗示：「我唱得很好，我會很自信地完成面試。」她帶著表情重複了很多次這個暗示。一週之後，她信心十足的參加試唱，結果很成功。

擁有平穩的情緒是我們成功的必要條件，這也是為什麼現在人們重視培養 EQ 的原因。在現實生活中，我們的行為經常伴隨著情緒反應，有時我們會感到自己不能控制自己的情緒，容易出現衝動、急躁、焦慮和憂鬱等現象。

一個人 EQ 的高低，相當程度上展現在他對自己情緒的控制上，情緒控制並不是簡單的抑制，而是在於自我疏導和自我

調節。心理暗示對情緒的疏導和調節有非常積極的作用，具體的暗示方法如下：

1、在遇到不順利的事情時，對自己說「這已經是最糟糕的情況了，不會再有比這更倒楣的事情發生了。」相信自己已經跌到的谷底，之後向任何一個方向努力都是向上走，心裡懷有希望，就會增加心裡的安全感和信心，把每次的失敗都當成是最後一次。

2、不要總是對自己說「我不行」、「我那時候本應該⋯⋯」這樣的話，要多給自己一些鼓勵，能打敗你的只有你自己。只和昨天的自己相比，不要盲目和他人攀比，每個人的情況都不同，與起點比你高的人比較只會挫傷自信心，沒有其他用處。

3、不要總是想起失敗的經歷，例如昨天的考試中我有五個單字拼寫錯誤，這週我又沒有去健身等等，越是強調，這樣的事情越容易再次發生。所以，聰明人應該避免用失敗的教訓來提醒自己，而是應該多用一些積極的暗示，像多背幾遍我就記住了，我從今天開始一定去健身等等，積極的暗示和指導，比起強調負面結果，效果會好很多。

4、有很多老師或者主管總是對自己的學生或下屬說：「不要總是找客觀原因，要多找找主觀原因。」意思是不要用客觀原因來推卸責任，要從自己身上找到可改進的點。但是很多人聽到這句話之後，幫自己找的主觀原因是「我太笨了」、「我沒有運動細胞」。這種心理暗示的結果就是你對自己越來越缺乏

信心，每一次的失敗都是因為你的笨，也更證明了你的笨，萬一有件事成功了，卻被歸結為僥倖。

真正的主觀原因應該是尋找到那些自己身上可變的因素，比如「我還不夠努力」、「我有點懶」，這樣才能使你在以後的學習和生活中更加發奮，而不是自暴自棄。

5、心理暗示不只是要用語言對自己進行鼓勵，它還包括很多行為習慣方面的因素。像出門的時候照照鏡子，整理好自己的形象；走路時抬頭挺胸，會覺得自己很有精神；讀書的時候整理好桌面，會讓自己感覺很有條理；說話的時候清晰大方，讓自己感覺到自信沉穩……這些看似微不足道的地方，其實都在不知不覺地影響我們的精神風貌。

6、試著將所有的否定句和疑問句都改成肯定句，不要說「我累壞了」、「忙了一天，終於可以休息了」、「我堅持不住了」，而要說：「只要堅持不懈，就一定能成功。」這將在潛移默化中改變你對世界的看法，一點一滴的賦予你積極思考的習慣。

第五節：想發脾氣的時候，先別開口

東野圭吾在《解憂雜貨店》中說，雖然至今為止的道路絕非一片坦途，但想到正因為活著才有機會感受到痛楚，我就成

Part 3　成為情緒的主人：修練你的脾氣控制力

功克服了種種困難。

若能常懷一顆感恩的心，在生氣的時候想到，首先是因為我還活著，所以我能做出生氣這件事，大概有一半的憤怒都會消散了吧。生氣會消耗我們的健康，從某種程度上來說，頻繁的生氣甚至會加速我們身體機能的老化和死亡，於己於人都有很大的害處。

生氣時，會有很多不理性的話從我們嘴裡脫口而出，我們當時說這些話的目的是要傷害到對方，這些話也的確能夠傷害到對方。但它們卻往往會讓我們事後後悔，因為和我們起爭執的往往是我們的家人、朋友或者身邊的其他人，爭執的原因可能只是微不足道的一件事，但是我們因為這件微不足道的事情出口傷人，有失風度又傷和氣，實在是得不償失。

很多時候，我們發脾氣過後都會解釋說因為太生氣了，所以完全控制不住自己。但是我們生存的社會有它自己的秩序和規則，無論是誰違背，都會受到制裁。因為生氣而打了人也需要進警察局，因為生氣而出口傷人，與被傷的人之間的關係也會受到影響。

在南非有一支特種部隊，它的挑選程序堪稱是當今世界最為嚴格的。參選者必須是南非公民，還要接受過學校教育；必須在部隊、警隊服役一年以上，在預備役中待過一年也可以；必須會說兩種以上的語言；年齡必須在 18～28 歲之間。

除此之外，還有入選測試，主要包括身體測試和心理測

第 6 章　冷靜就是力量：掌控情緒的關鍵時刻
第五節：想發脾氣的時候，先別開口

試。身體測試包括：兩分鐘內做完 67 個伏地挺身，十八分鐘內完成 3 公里全速跑。入選後還要參加一流的陸海空訓練，了解自己的任務是什麼，掌握如何參加空中合作、水下作戰、過障礙物、叢林謀生、追蹤、破壞等戰術。在心理測試方面，沒有自我控制能力或者脾氣暴躁的人就會被淘汰。

這就是特種部隊的規矩。任何事都有它的規矩，你可以排斥它，懷疑它的合理性，但是你只要進入它的管轄範圍，就必須遵守這個規矩，越過它就要接受懲罰，生氣不是破壞秩序和遊戲規則的藉口。

易怒實際上是一種時刻保持敵意的心態。當想法與現實不同時，人們就會產生這種消極的情緒反應。為了確保自己的身心健康，必須學會控制自己，克服愛發脾氣的壞毛病。

生氣的時候，最好口不發言，身無舉動。遇事能控制住自己不生氣，這才是有涵養的表現。

陸游說，不是暮年能耐病，道人本來心地寬。一個經常發脾氣的人，稍有不如意就會動起怒來。陸游自己在年輕的時候就是這樣一個人。他仔細檢討了原因，認為每次發怒都是別人引起的，但他還是決定要加強自己的修養，於是就一個人跑到深山隱居起來，修身養性。

有一天，他拿著一個陶罐去河邊打水，不小心將剛裝滿水的罐子弄倒了，水全都流了出來。他只好再去重新打，但走到一半，又把水罐裡的水灑了一地，連續三次都是如此。他非常

Part 3　成為情緒的主人：修練你的脾氣控制力

生氣，一下子把罐子摔在了地上。

看著滿地的碎片，他想到，以前發怒，他認為都是別人引起的，現在只有他一個人，卻也還是發這麼大的脾氣，看來這怒氣是從自己的心中生出來的。

我們常常會把錯誤歸咎於別人，最後才發現自己才是問題的根源。因為自己的錯誤而去生氣，還用惡毒的話語去傷害別人，相信大家都會覺得這樣的做法非君子所為。返回自己的內心世界，重新反思自己，當心靈被馴服的時候，才會有真正的平和。

一所醫院裡有這樣兩個病人，甲的肺結核很輕微，經過一段時間的治療基本已經痊癒了；但是乙的結核病特別嚴重，醫院已經沒有什麼辦法了，只有讓她回家休養。這兩個病人是同時出院的。

因為醫院工作人員的馬虎，出院的時候把兩份病情通知抄寫顛倒了，病基本痊癒的甲接到的是病重通知，提醒他病還沒有痊癒，要注意休息，補充營養。接到通知後，甲非常緊張，整天憂慮重重，認為自己的病沒有辦法治好了。結果在甲出院後，病情復發並逐漸加重，甚至還有了惡化的趨勢，沒過多久又住進了醫院。

但是那個病情嚴重的乙，看到出院通知單上寫著病情基本痊癒，心情頓時輕鬆了很多，回到了依山傍水的農村，經常食用新鮮蔬菜和水果，再加上心情舒暢，嚴重的肺結核竟然全好了。

第 6 章　冷靜就是力量：掌控情緒的關鍵時刻
第五節：想發脾氣的時候，先別開口

　　兩種出人意料的結果都是由人的不同情緒所導致的，愉快的心情給人正面的刺激，有益於健康，但是苦惱、消極的情緒會給予人負面的影響。因此，有一個好心情是非常重要的。

　　在心情好的時候，即使遇到一些讓人不太舒服的事情，也可以很好地在內心中化解掉，不至於立刻將身體裡的怒氣調動出來，也就更加不會做出言不遜的事情。

　　我們和別人發生衝突的原因無非是對同一件事情的意見不統一，你對一件事情的做法得不到他人的認可，大概就會怒火中燒了。雖然得到別人的認可固然重要，但是得到自己的認可才是最重要的。

　　沒有誰的人生可以一帆風順，就連童話故事裡的公主和王子也不能只享受到快樂卻沒有煩惱，何況生活在現實世界中的我們，更是充滿了歡樂和痛苦。美國社會學家曾提出：「生氣並不是一種先天性的情緒和行為，而是後天學到的。人們生氣不生氣，是自己決定的。」

　　也就是說，人們的脾氣是可以自己控制的。這也就是為什麼對於同一件事，有些人被氣得暴跳如雷，而有些人卻怡然自得，絲毫不放在心上。所以說，生氣是因為你自己和自己過不去，是一種自我虐待，常常這樣想，你也就可以避免被自己氣「死」了，除非你把生氣當成是生活中的調味品，沒有它不行。

　　柏拉圖說，稍忍須臾是壓制惱怒的最好辦法。所以在我們想要發脾氣的時候，先不要開口，給自己幾秒鐘冷靜的時間，

你的想法可能就會完全改變。另外,如果你不對自己控制,執意將傷人的話說出口,不僅會激化矛盾,刺傷對方的心,還會讓你自己更加憤怒。因為憤怒的言行也會加劇憤怒,要跳出這個惡性循環,最好的方法就是在想發脾氣的時候,先別開口。

第 7 章
轉壓力為動力：
讓心浮氣躁成為過去式

第一節：忙裡偷閒，學會釋放自己

如果我問你為什麼要工作，大多數人的答案應該都會是為了賺錢，而賺錢是為了生活。要是可以每天在家裡躺著就能賺很多錢，估計沒人會出來工作了。

我們在工作中所展現出來的事業心和上進心只是為了謀生，為了能夠有資本立足於這天地間，過好每一天的生活，無論是成為想要成為的人，還是過自己想過的日子，都要有一個前提，那就是有足夠的錢。

我們每個人都是一樣的，即便浪漫如雲，現實依舊如山。我們在這人世間，一路跌跌撞撞，一邊失去，一邊尋找，又一邊得到。說到底，也不過是為了成為自己罷了。只是謀生，就已經花光了我們全部的力氣，多少人為了生活而去謀生，卻在謀生之際忘記了如何生活。我們在這個過程中，忘記了自己想要好好生活的初衷。

於是，享受沒有了，剩下的只是謀生，壓力滿懷。剛開始

Part 3　成為情緒的主人：修練你的脾氣控制力

工作的時候，我們月入三萬，看著那些月入十萬的前輩，羨慕不已，想著自己如果能有那麼高的收入，就可以好好利用它來享受生活了。幾年後，我們月入十萬了，卻沒有像自己當初想的那樣享受一下自己這幾年的努力成果，而是仍然愁眉不展，想著如何才能月入二十萬、五十萬甚至一百萬。

欲壑難填不是電視劇中的少數派壞人才有的特質，而是我們每個人身上都帶有的屬性。欲望是個很危險的東西，它讓你肩上的壓力越來越重，吃不下飯，睡不著覺，頭髮不停地掉。

看看自己上學時發的 IG 照片，看看當初那個能出去吃一頓飯就開心好久的少年，簡單如白紙，更沒有負擔。也許看過了他，你會懂得忙裡偷閒，在繁瑣的工作中釋放自己的道理。

騰出足夠多的時間，去菜市場買菜，回來替自己做一頓喜歡的飯菜；安排一場旅行，和家人或朋友去之前一直沒有時間去的地方；讀一本書，替許久沒有補充營養的心靈充充電。

該賺的錢是一定要賺的，而且要盡量多去賺，有存款才能有抵禦未知風險的能力，才能去做自己想做的事情。但是不要讓自己的欲望膨脹，點到為止，量力而行。欲望是無限的，但是這一生留給我們去體驗生活的時間卻是有限的。謀生是為了生活，不能被欲望綁架而忘了初心。

如果永遠都忙著向上走，不只是忘記了初衷，而且還會被壓力所吞沒，處在大都市的我們，每天都會面臨來自各方面的壓力，它成了我們無法逃避的一種心理狀態。有壓力就會有情

第 7 章　轉壓力為動力：讓心浮氣躁成為過去式
第一節：忙裡偷閒，學會釋放自己

緒，情緒會直接影響我們的工作效率、人際關係和身心健康。

我們疲於忙碌的工作，以此填充生活，偶爾週末還要加班。即便是在工作不忙碌的時候，情緒也會很焦慮，玩也玩不開，讀書也很難集中精神。年初時，我們總對自己說，新的一年要做更好的自己，為自己定下一個目標，結果到了年底的時候，卻還是之前的樣子。依然忙碌，依然賺不到太多錢，依然不知道自己下一年該怎麼辦。

很多事情做不好，是因為我們在生活裡埋了「情緒地雷」。行動的英文單字是「motion」，而情緒的單字是「emotion」，由此我們可以看出，行動和情緒似乎接近，但又有著不同。所以我們就得出一個結論，如果控制不好自己的情緒，行動起來就會複雜很多。

我們會焦慮就是因為自己替自己埋下了「情緒地雷」，這讓我們對未來非常焦慮，卻做不出一個有效的改變。每當你想給自己放幾天假出去旅遊一圈的時候，你就會被自己的焦慮情緒所困擾，使得你從來不敢隨心所欲，只能按部就班，乖乖做好屬於自己的工作，只能去過好那份重複了無數遍的生活，收起自己那顆原本活潑的心，接受了那個困於現狀的自己。

再讀一次《紅樓夢》，對林黛玉這個角色有了新的理解，她代表了一種真實，自己的喜怒哀樂全都放在臉上直觀地表達出來，不像薛寶釵那樣會壓抑自己的感受。可是如果我們在生活中遇到這樣的「直性子」，大概沒有幾個人能忍受的了。

Part 3　成為情緒的主人：修練你的脾氣控制力

　　周瑞媳婦跑腿送花給姑娘們，路線是按照遠近距離安排的，最後一個才送到了黛玉手上。黛玉面對這花，沒有一句對別人還惦記著她的謝意，沒有給跑腿的周瑞媳婦一句「辛苦了」的安撫，所有的注意力都放在了自己是最後一個拿到花的人，這些花是被別人挑剩下的，於是她毫不避諱地說了出來，讓周瑞媳婦滿身得不自在。

　　黛玉明知道自己是寄人籬下，生活本就不比在自己家，可是偏偏又是個嘴上不饒人的人，所以她是最容易被別人的情緒和自己的情緒影響到的人，她最喜歡替自己埋「情緒地雷」。她不知道自己情緒產生的真正原因，也從來不去分析自己為什麼總是會哭，為什麼不受別人喜歡。也正是因為這樣，積怨已深的她，最終受此影響，體弱多病。

　　情緒對我們的影響，一直都是很重要的。能及時調節好自己情緒的人，一般也是一個積極向上且理智的人，所以能辨識自己的情緒，並及時控制和疏解，這是我們首要做的事情。如果你也是一個總被情緒困擾的人，不妨給自己幾分鐘時間分析一下，自己為什麼會這樣。

　　我們的很多負面情緒的來源都是壓力，這些壓力有的來自外部，像公司主管、父母、客戶，還有的是來自我們自身，像林黛玉這種敏感性格就是典型的自己給自己壓力。不論是面對哪種壓力，我們都要用正確的方法將它釋放出來。

　　在忙碌的生活中擠出一些時間，思考一下什麼樣的方式是

第 7 章 轉壓力為動力：讓心浮氣躁成為過去式
第二節：壓力能讓你增強免疫力

適合我們自己疏解壓力的。這樣我們才能避免替自己埋下一顆「情緒地雷」。不要像林黛玉那樣以自我為中心的直接，也不必像薛寶釵那樣顧全大局的壓抑，只需要以中肯的態度，真切地表達出自己的情緒即可。

情緒對我們的行為有重大的作用，如果你想讓自己變得更好，就要提高我們處理情緒的能力，不能放任不管，但要有分寸的管。能抽出時間用恰當的方式釋放自己的情緒，讓我們在情緒上更通達，更成熟，這樣我們才能處理更多的事情，讓自己變得比之前有進步。

一個無法良好處理自己情緒的人，就像是端著一顆地雷一樣，要不傷及他人，要不被他人所傷，或者出現自傷，這對於想要變得更好的我們來說，不是一件有利的事情。情緒本就會影響到行為，行為的不妥又會牽扯到情緒，我們想要實現期望中的那個自己，行為和情緒要相輔相成，共同作用，才會對我們有所幫助。

第二節：壓力能讓你增強免疫力

過度的壓力會導致人出現情緒問題，不及時處理可能會造成很嚴重的後果，但是適度的壓力或者用正確的方法來對待壓力，就會將壓力轉化為前進的動力，讓你對眼前的艱難險阻產

Part 3　成為情緒的主人：修練你的脾氣控制力

生免疫力。

通常我們感覺到某種事情有很大難度、某種任務難以完成或者環境中有的某種潛在威脅時，我們身體對此所作出的反應就被稱之為壓力，像考試、比賽、完成工作指標、親人去世等，都是某種壓力。當壓力來臨，身體的一些器官會分泌多種種類的激素來應對，其中主要的一大類激素就是腎上腺素，也俗稱緊張激素。當腎上腺素透過血管流淌到身體的各個部分時，一些特殊的生理反應就產生了。比如心跳加快、呼吸急促、肌肉緊張、思維和視覺變得敏銳，嚴重時會噁心、嘔吐、緊張不安。

而免疫力是人體自身的防禦機制，是人體辨識和消滅外來侵入的任何異物，處理衰老、損傷、死亡、變性的自身細胞以及辨識和處理體內突變細胞和病毒感染細胞的能力。

美國俄亥俄州立大學的神經生物學家馬修・杜寧的研究團隊在實驗鼠身上注入黑色素瘤，使老鼠生成腫瘤。然後把這些患病的老鼠分成兩組進行對照研究。一組老鼠放在一個大籠子裡，至少有二十隻老鼠都擠在一起，同時籠子中有轉輪和玩具。另一組老鼠則放在普通籠子裡，籠內有五隻老鼠，而且沒有轉輪和玩具。

三個星期後，那些被放在經過特別布置的大籠子中的老鼠，其腫瘤縮小了一半，六個星期後腫瘤縮小了77%，幾乎比小籠子中老鼠的腫瘤小了80%。而且大籠子中患病的老鼠中，

第 7 章　轉壓力為動力：讓心浮氣躁成為過去式
第二節：壓力能讓你增強免疫力

17% 的老鼠腫瘤完全消失。令人驚訝的是，這些老鼠腫瘤的良性變化完全是在沒有接受任何治療的情況下發生的。

形成鮮明對比的是，小籠子的患病老鼠，腫瘤繼續生長。同時，對老鼠誘發結腸癌後進行同樣的實驗也得出了相同的結果。大籠子中的老鼠腫瘤縮小了，而小籠子中的老鼠腫瘤繼續生長。

壓力的作用是透過各種激素水準的升高或降低來產生作用的。由於存在壓力，大籠子中的老鼠體內的緊張激素水準提高了，其中有一種稱為瘦素的激素明顯減少了。而且壓力主要影響到老鼠的行為中樞—— 大腦，尤其是對大腦中的下視丘影響較大。下視丘調節身體的能量平衡，並且維繫著神經系統和內分泌系統。研究人員發現，大籠子中的罹癌老鼠在經過 2 週後，其下視丘中為腦源性神經營養因子訊號蛋白編碼的基因表現明顯地增強了，這意味著大籠子中的老鼠體內的腦源性神經營養因子增多。

為了排除其他一些干擾因素，比如老鼠的腫瘤減小與籠子中的老鼠跑動多少有沒有關係，研究人員又做了進一步研究，發現老鼠的跑動對抑制腫瘤生長所產生的作用較少。因為僅僅有跑動的老鼠既沒有緊張激素的增加，也沒有腦源性神經營養因子表達的增加，同時也不會有體內瘦素水準的降低。所以，在壓力的作用下，大腦 - 內分泌系統和多種激素的互動才是抑制腫瘤生長的主要原因。

Part 3　成為情緒的主人：修練你的脾氣控制力

儘管此項研究是透過在老鼠身上進行實驗而得出的，但是它對人也可能是適用的。過去，人們都認為癌症病人應避免壓力，但老鼠的這項研究說明過去的看法不完全正確。適當的壓力具有抑制癌症的作用。所以，壓力對人的影響其實不能一概而論，重點是我們面對壓力時候的做法，將它有益的一面還是有害的一面給激發出來了。

上面說的是在壓力在生理層面上對人的免疫力的影響，其實在心理層面上，適當的壓力也能帶給人們益處。

拿破崙在一次和敵軍作戰時，遭遇了頑強的抵抗，軍隊損失慘重，形勢很危急。拿破崙自己也因為不小心掉進了泥潭而被弄得滿身泥巴，狼狽不堪。即將輸掉這場戰役的拿破崙感受到了前所未有的壓力，但他自己知道，要麼他將這壓力打敗，繼續前進，奮力一搏，要不就是他被這壓力打敗，還沒有衝鋒的時候就先被自己的情緒給打垮了。

他想，都已經到了這個地步，情況再差還能差到哪去呢？於是他選擇了前者，破釜沉舟，勇往直前。心裡那個無論如何也要打贏這場戰鬥的信念激勵著他奮勇當先，他大喊一聲「衝啊」，就自己向前跑去。他手下的士兵見到他那副滑稽的模樣，在忍不住哈哈大笑的同時也被拿破崙的樂觀自信所鼓舞。一時之間，戰士們群情激昂，最終取得了戰鬥的勝利。

作為一名領袖在戰場上的壓力，我想比我們大部分人面對的壓力都要大，畢竟他身上肩負著的是一起出生入死的戰士們

第 7 章　轉壓力為動力：讓心浮氣躁成為過去式
第二節：壓力能讓你增強免疫力

的生命。但是拿破崙沒有被這種壓力給壓垮，而是將它利用了起來，作為自己打勝仗的工具。

沒有經歷過壓力的溫室花朵，或者一遇到壓力就逃避的人，一旦等到有一天不得不和壓力面對面的時候，很容易就會被壓力打倒。而面對壓力懂得疏解它或者利用它迎難而上的人會在和壓力對峙的過程中增加自己的戰鬥經驗，知道怎麼與壓力和諧共處，也就是在壓力下增強了自己情緒的免疫力。

實際上，壓力是有利也有弊的雙面刃。適當的壓力可以刺激大腦產生一種名叫神經營養因子的化學物質，並加強大腦神經元之間的連線。相關專家甚至認為，這說不定就是運動這種物理壓力源能夠幫助提高人體效率和注意力背後的操作機制。此外，一些在動物身上進行的研究也顯示，人體對於壓力的快速反應能夠短暫地激發人的記憶和學習能力。

經常遇到壓力較大的情形，可以透過鍛鍊身體和心理的掌控能力來調節自己，從而不至於遇到危機就如臨大敵慌了陣腳。舊金山加州大學 2013 年的一項研究發現，慢性壓力促進氧化損傷 DNA 和 RNA，但是中等水準的日常壓力似乎會抑制氧化損傷，加強細胞的「精神生物學適應性」。

正面的壓力，或者說積極壓力，可能正是大家完成一項工作所必須的。想像一下，最後期限近在咫尺，這樣就不得不快速高效地完成工作了，關鍵的一點是，我們要把壓力之下的任務看做一種能承受住的挑戰，而不是無法踰越的高山。

Part 3　成為情緒的主人：修練你的脾氣控制力

　　積極壓力還會幫助你進入一種「流暢」的狀態，讓人高度清醒、高度集中地參與到某個事情中去，比如工作事務、運動比賽、藝術創造等。

　　壓力常常會出現在我們的日常生活中，不管是工作還是生活，在出現了壓力後，我們一定要認真對待，特別是要發揮壓力的好處，摒棄壓力的壞處。「羅馬不是一天造成的」，改變不良習慣不是件容易的事。但是其實人人都擁有管理好自己情緒的方法，需要做的知識改變一下看問題的角度，學會一些放鬆自己的方法。掌握了正確的方法，人們就能平穩度過壓力和情緒紛擾的難關，讓疲憊的心靈從此充滿熱情和活力。

第三節：對浮躁說「No」，與壓力共舞

　　如果說人生是株生機盎然的綠植，那壓力就是天地間的甘露，給其養分，讓其茁壯成長。如果說生命是逆流而上的小魚，那壓力就是崇山峻嶺和激流，使其迴游之路備受挑戰，因而締造了激勵人心的傳說。人生這場喜憂參半的旅程中，我們需要學習逆著風與壓力共舞。

　　壓力，科學上的解釋是心理壓力源和心理壓力反應共同構成一種認知和行為體驗過程。在每個人的生活中，壓力都是一直存在著的一件事。上國中時，有著會考的壓力，上高中時，

第 7 章　轉壓力為動力：讓心浮氣躁成為過去式
第三節：對浮躁說「No」，與壓力共舞

又有著學測的壓力，大學時，又有著畢業後是繼續升學還是直接工作的選擇，讀碩士有考研究所的壓力，工作也有找工作的壓力。進入社會後又有著成家立業、買房的壓力等等。

由此可見，壓力是陪伴一個人一生的東西，誰都無法避免。很多時候，我們不是被事情本身打敗，而是被自己的負面情緒打倒了。所以，改變可以改變的事，接受無法改變的事才是我們正確處理事情的辦法。

壓力出現時，人身上的生理、情緒、精神和行為訊號都會伴隨而來，但是這些訊號卻很容易被人們誤解或者忽略。其中人們感受最強烈的是情緒訊號。比如喜怒無常、經常性的憂愁、喪失信心等；生理訊號最為敏感，如頭疼、肌肉緊張、皮膚及消化系統問題等，但卻經常被誤解；除此之外，還有精神和行為的訊號。如果我們重視壓力的警訊，就能更早察覺到自己的狀態，及時採取措施，對壓力進行管理。

所以，快樂的時候就大笑，悲傷的時候就哭，有心事就找朋友傾訴；辛勞之後，要獎勵自己。此外，規律的生活，適當的運動也是相當重要的，因為鍛鍊身體機能最能解壓。訓練自己的 EQ，做好情緒管理，凡事都從正面角度去思考，壓力消除後，又是一片海闊天空了。

只有讓自己的內心變得強大，才能化解壓力。世界上沒有一成不變的事物，也沒有過不去的坎。當遇到似乎無法解決的難題時，我們不如靜下心來，理智思考解決辦法。

Part 3　成為情緒的主人：修練你的脾氣控制力

　　二戰的時候，英國面臨著一場硬仗，因為對手的勢力太強大，當時很多人都不抱希望。邱吉爾面對公眾發表了史上最短的一次演說，只有一句話：Never, never give up.（永不放棄）。這句話極大地鼓舞了人心，英國最終戰勝了比自己強大的對手。

　　當今社會，很多人面對不公正的對待，有些人被壓力打垮，有人堅持抗爭到底。不同的心態就會有不同的人生。屈服於壓力的，處境越來越糟糕。勇於對抗壓力的，最終守得雲開見月明。

　　與其不斷抱怨生活，不如改變自己的心態。把每一次跌倒，都當做是豐富自己人生經驗的機會。只有善於總結經驗的人，才能避免在同一個地方摔倒。把每一次磨難，都當做是人生的臺階。只有勇於攀登的人，才能收穫幸福與成功。

　　生活中，想要有較高的生活品質，就要摒棄浮躁，對社會百態和一些問題冷靜思考。冷靜處世，是一個人素養的展現，也是睿智的反映。生活裡有太多逆境，它是生活中的偶然。但是在理智面前，偶然總會轉化為令人快樂的必然。偶然與必然雖說在理論上有很大的反差，但它可在冷靜和智慧中達到完美的統一。

　　靜而後能安，安而後能慮，慮而後能得。這句話中的「得」字，就展現了生活的享受。

　　在思考社會問題的時候要冷靜，還要有關於當時環境順利

第 7 章　轉壓力為動力：讓心浮氣躁成為過去式
第三節：對浮躁說「No」，與壓力共舞

與否的反思，這樣既有利於社會又有利於自己。以冷靜面對生活，有利於苦樂中的洗鍊，可享盡人生中的愜意；以冷靜面對他人，有利於善惡中的辨識，可親君子而遠小人；以冷靜面對名利，有利於道德上的篩選，可提高人品和素養；以冷靜面對坎坷，可除惡果以保康寧，有利於安危中的權衡。所謂的寬容、理智、無私和聰穎都是因為有了冷靜而展現出來的。

冷靜是理性的一種深刻感悟。面對這個高速發展的物質世界，我們必須具有這種冷靜思考的人性成熟美。如果沒有的話，成功就算是來到我們面前了，也會在浮躁中與失敗相遇。

冷靜是浮躁的對立面，就像是夏日裡清涼的海風，讓人清醒愜意；浮躁如同火海中的汽油罐，給人忙中添亂。冷靜是雨後天邊的七彩虹，讓人賞心悅目；浮躁是跋涉者眼中的海市蜃樓，讓人走向絕境；冷靜和浮躁對人們的生活影響非常大，因為他們就像是一對天生的敵人，水火不容。只有冷靜才會為人們留下永恆的懷念。

宋仁宗的曹皇后非常賢惠，當宋仁宗因宮人失職而大發脾氣時，她總是假裝生氣，讓人把宮人交給專管刑法的官員處理。當宋仁宗問她原因時，她說：「皇上在盛怒之下所做的處罰往往過重，把他們交給專管刑罰的官員處理才能公平，不至於讓皇上背負殘暴的名聲。」宋仁宗本來對她的做法很不滿，經過這一解釋，宋仁宗從不滿變成了欣賞。

這位曹皇后與常人相比，個人的冷靜與理智確實讓人佩

服,更何況她在皇帝不理解她的做法時也能直面壓力,巧妙地施行自己的主張,不能不說這是一種大智慧。

冷靜會讓人獲得一個好名聲,而且還會讓你成為周圍人的榜樣,幫助他們減少遺憾和傷害,泰然處事。而怒氣總是像一把銳利的刀子,在不恰當的時候割痛人心,給生活帶來了許多麻煩與痛苦,而這些麻煩和痛苦往往是沒有必要的。

人的一輩子裡難免會遭遇跌宕起伏的落差,在谷底的時候不過分驚慌,頂住壓力冷靜面對,才能為人生這道獨特的風景線增添一抹亮色。別讓情緒矇住你的眼睛,在即將爆發負面情緒的時候按捺住自己,默數十個數,再對事情進行考慮。

環境就像江河,有時風平浪靜,有時波濤洶湧。很多時候,環境會改變心境,但是心境同樣可以改變環境。無論是順境逆境,都是正常的。只要我們守住自己的良知,保持積極樂觀的心態,壓力自然會消失的無影無蹤。

明朝思想家洪應明曾說,天地有萬古,此身不再得,人生只百年,此日最易過,幸生其間者,不可不知有生之樂,亦不可不懷虛生之憂。人生短短數十寒暑,活得豐富,何其有幸,而壓力是點綴生命的良方。我們要正視恐懼,戰勝壓力,在每一次和壓力的交手中,我們踏出的舞步都將是無比美麗的。

第四節：痛快的真諦，就是痛並快樂著

　　心理壓力是一種身心緊張狀態，它來源於我們自己對環境的要求與自身能力的不對等；這種緊張狀態傾向於透過非特異的心理和生理反應表現出來，於是我們就會感受到到痛苦。

　　完全沒有心理壓力的情況在現實生活中是不存在的，但是我們可以假設一下會出現這樣的情形，那一定比有巨大心理壓力的情景更可怕。也就是說沒有壓力本身也是一種壓力，因為我們會感覺到非常空虛。很多文學作品描述過這種空虛感，那是一種比死亡更沒有生氣的狀況，我們在呼吸卻感覺不到自己活著。

　　為了消除這種空虛感，很多人選擇重新尋找壓力或者刺激，他們從工作、生活、友誼中找到了，還有一些人，他們在尋找的過程中誤入歧途，甚至會付出生命的代價，像有一部分吸毒者，最開始就是被空虛推上絕路的。

　　我們都討厭承受壓力，都以為沒有壓力的日子是大家夢寐以求的天堂。其實用簡單的話來解釋壓力，它只不過是令人不愉快的事情在身體、心理或者情緒上的反應。說定義容易，如果要真的明白它，我們還得從壓力的產生說起。

　　壓力的產生需要兩個因素：一是壓力源，也就是產生壓力的事件；二是我們對事件評估之後所激發的應對壓力的能力。也就是說，當事情發生的時候，我們馬上就會在自己以往的經

驗中迅速查找：我以前遇到過這樣的事情嗎？我遇到的時候能順利處理嗎？如果搜尋的結果是「我沒有辦法應對這樣的事」，或是「我沒有處理這樣事情的經驗」，那我們往往就會一下子倍感壓力。

因此，真正讓我們感受到壓力的，並不是發生的事件本身，而是我們面對壓力時解決問題的能力大小，這就是為什麼經歷相同的事件，有些人可以很輕鬆的面對，有些人卻會因此一蹶不振。這樣看來，我們要讓自己過得好一點，並不是要消滅所有的壓力，而是要增加我們應對這類事件的能力，增加我們與壓力共處的定力。

很多糖尿病兒童的家庭雖然面臨的是相同的疾病，可是每個家庭的運轉情況卻有很大差別。一個明顯的現象是，那些越是不怕疾病的家庭，孩子的身心狀態明顯比那些在擔憂恐懼中生活的家庭的孩子狀態要好得多。

那些能比較好的應對疾病的家庭，通常會有一些比較相似的特徵：比如開放的態度，對現狀有清晰的理解，也接受孩子生病的事實，這樣幫助家庭從哀傷無助中走出來，把更多的經歷放到學習新的知識和技能上，而對疾病了解得越多，就越能幫助他們把神經鬆弛下來。

此外，他們的家庭關係處理得很好，家人之間能夠彼此支持和理解，父母與孩子之間可以比較順利地表達情緒和情感，包括憤怒、害怕、無助等讓人不舒服的情感，而且父母和孩子

第 7 章　轉壓力為動力：讓心浮氣躁成為過去式
第四節：痛快的真諦，就是痛並快樂著

都有求助的能力，從家庭外部獲得幫助。

通常這些家庭越能接受孩子生病的事實，就越不怕這場疾病所帶來的種種影響。他們承認孩子生病的事實，也不再想著完全去改變現狀，這反而會讓整個家庭平靜下來，家庭成員開始恢復到正常的生活中去。這些運轉良好的家庭，已經學會了與壓力和平共處。

所以如果我們換個角度去看這件事，疾病的壓力其實可以促使家人更多地去關心孩子，與孩子建立更好的關係，同時，因為面對疾病時，需要家人相互的支持和鼓勵。孩子生病後，這些家庭中人際關係往往會比孩子生病之前變得更加親密，孩子通常也會獲得比生病之前更多的關心和陪伴，而這種陪伴讓孩子從人際交往、人格強度、課業成績等方面都得到了提升。

其實，人的一生中，最重要的事情並不是獲得財富和權勢，而是建立有意義的愛的關係。這關係之所以重要，是因為那是保證我們一生感受幸福的泉源。一個孩子，身體很健康，但是他體驗不到愛的關係，一生過得平安但是枯燥，那恐怕也不是父母們希望發生的事情；而一個人格得到充分發展的孩子，即使是要承受疾病所帶來的種種困擾，但他的心靈是自由和舒展的，相應的，他感受到的幸福指數也可能是很高的。

所以，對於壓力，我們不能簡單地將其歸類為讓人痛苦的，不受歡迎的。其實，對於壓力的評估，可以用倒「U」形的曲線來理解。在曲線的兩邊，也就是過大的壓力和過小的壓

155

力，都會給我們帶來一些負面的影響，過大的壓力會讓我們喪失解決事件的信心，從而失去處理壓力的能力；而過小的壓力，又會讓我們產生倦怠心理，不去應對。在曲線中間的部分，是適當的壓力，這部分壓力對我們有著重要的作用。

壓力會激發我們自身的一個戰鬥和逃跑系統，這個系統是幫助我們躲避危險的。當壓力產生時，實際上是在提醒我們正在面臨著某種危險，當我們評估自身能力的結果是我們能應對那個危險時，我們就會進入戰鬥系統，這時候，壓力就變成了動力，驅使我們去努力解決問題，當我們自身評估的結果是不能應對那個危險時，我們就會進入逃跑系統，這就保證了我們自身的安全，所以壓力對我們是有保護或者激勵作用的。

既然壓力對我們也有好處，那我們就不能一味地將它拒之門外，我們要努力的方向就變成了與它和平共處，在生命的路上，與它同行。要做到這點，我們就要先找到壓力源。

壓力源通常有幾種，生物性壓力源，比如生病；社會性壓力源，比如住房壓力、交通堵塞；文化性壓力源，比如剛到某地，語言不通；心理性壓力源，比如欠缺溝通，社交能力不足等。

這些壓力源中很多是我們可以透過學習或者努力而得到改善的，比如學習人際交往的技巧，可以幫助我們更好的與人打交道；學習當地的方言可以讓我們更好的融入新圈子；學習一些放鬆技巧可以幫我們更好的緩解壓力等等。

第 7 章　轉壓力為動力：讓心浮氣躁成為過去式
第四節：痛快的真諦，就是痛並快樂著

　　小時候，看不懂「路盡隱香處，翩然雪海間」的美景。長大後卻又深感「景物仍猶在，同年何處尋」的無奈。大多數成年人在一副副堅強老練且極具城府的面孔後面，依然還留戀著那童真時代的樂園。世界時時刻刻都在變化，我們也在永不停息地尋找一個能永遠快樂的途徑和方法。試著接納永遠與我們同行的壓力，換個角度看它帶給我們的痛苦，甚至利用它讓我們過得更好，我們就能體會到痛並快樂著感覺，就能減少煩惱，無限接近永遠快樂的理想化狀態。

Part 3　成為情緒的主人：修練你的脾氣控制力

第 8 章
學會放手：止損是人生的重要智慧

第一節：別拿無法挽回的損失來折磨自己

李宗盛在〈給自己的歌〉裡面唱到：該捨得捨不得，只顧著跟往事瞎扯。大概是因為年紀大了，才會有這樣的感觸。人的一輩子總會經歷一些事，交往許多人，時間過去，人會離開，過去的事也該讓它隨著時間和人一起遠去。

有些人有寫日記的習慣，寫了又斷，斷了又寫，將自己人生中的很多時光，好的、壞的、快樂的、悲傷的都記錄下來。沒事的時候也老是喜歡翻出來看看，感嘆一番逝去的歲月。可其實常用現在的時間懷念已經過去的事情並不全是一件好事。

人只有非常無聊的時候，才會不斷地去撿拾舊日子，可那些已經過了很久的事情早已在心裡的角落堆積了一層厚厚的灰塵，再次翻動肯定會被那些粉塵嗆到，於己無益。懷舊之心，人皆有之，但活在過去的人是見不到陽光的。

一生中，能讓我們珍惜的東西可能並沒有很多，也許有些往事是我們無法遺忘的。可是，生活的航船永遠繼續向前行駛，痛苦、歡樂、奮鬥的人生永無盡頭。我們不能總活在過

去，前面還有很多事情等著我們去完成。

時間如水不會倒流，更不會停歇。生活就是個過程，就像大自然有四季一樣從容，一樣簡單，一樣自然。昨天已成為歷史，回首過去或許可以激勵人奮發向上，但這只是其中的一個很小的因素。假如說明天是一幢高樓大廈，今天就是決定那大廈壽命的基石。讓我們珍惜今天這一分一秒，把這大廈的基石打得無比堅實。

世間最寶貴的是今天，最容易失去的也是今天，願你在未來的日子裡，無限珍惜每一個今天。遺忘已經過去的，可以使一個原本不快樂的人變得快樂，可以使一個原本對人生失去信心的人重新找回自信，可以使一個原本存有輕生念頭的人重新揚起生活的風帆，勇於和厄運抗爭。

學會遺忘過去的煩惱，才能使愉快在腦海裡常駐，否則，歡樂回憶的地方就被痛苦給占領了，歡樂會變得無處藏身，我們只有將憂鬱趕出去，才能讓快樂的過去住進來，使生活變得豐富多彩，多一些歡聲笑語，少一些唉聲嘆氣。

學會遺忘，是解脫痛苦的好方法。要是永遠都記著那些早已經逝去的傷心事、煩惱事、無聊事，就等於背上了沉重的包袱，戴上了無形的枷鎖。但是如果我們遇到不愉快的事情時，不過分去計較，它很快就會在你的生活中消失。

遺忘過去不等於放棄過去所有的一切記憶，而是要遺忘過去對自己沒有意義的事情。一味沉浸在過去的影子裡的人，未

第 8 章　學會放手：止損是人生的重要智慧
第一節：別拿無法挽回的損失來折磨自己

來必定不會屬於他們。無論是陽光普照還是陰雨連綿，無論是大雪紛飛還是狂風暴雨，永遠都要抓住今天。

　　該遺忘什麼還是留下什麼，其實我們自己心裡都很清楚，我們活著不能和草木一樣腐朽，不能醉生夢死，虛度光陰，一定要有所作為，只有這樣，等待我們的才會是光輝燦爛的明天。

　　每個人都希望自己快樂一點，灑脫一點，可是問問身邊的人，卻發現大部分人都說自己並不快樂，為了某些過分看重的名和利，我們常常將自己弄得疲憊不堪，也常常將他人對待自己的種種誤解深埋於心，將被人的輕視耿耿於懷。於是，本打算替自己營造的浪漫天地，卻不料到頭來又是一個精神枷鎖，心裡的天空中那片藍色在不知不覺中抹上灰色，並伴隨著成長的足跡深植於心，總是在不經意中折磨摧殘著自己。

　　這時的我們需要有一些遺忘的本事，不妨到大自然中去體會事物本來的神韻，從而淨化你那純真的心靈，釋放你的所有悲苦，遺忘你應該遺忘的東西。

　　遺忘在某種程度上也是寬容的一種展現。也許你沒有獲得你腦海中所謂的那種輝煌人生，也許你遭受了不應遭受的嘲諷和輕視，這時你不必為此苦惱，你應該灑灑一點將它們通通忘個乾淨。因為你如果被這些閒言碎語所羈絆，就永遠別想獲得人生的成功。每個人都需要一個心靈的角落去反思自我，在這個空間裡，掌握好遺忘可以讓你感受到原有的空間都明亮了許

多。讓人煩惱的瑣碎事物像漂浮物一樣離我們而去，沉澱下來的使我們對生活智慧的領悟。

有捨才有得，魚與熊掌不可兼得，兩全其美的事情可遇不可求。曇花一現就是一個很好的例子。曇花是一種美麗的花，它只在夜間開放，而且花期非常短暫，也許你精心養一盆曇花，需要好多年才開一次。但是有些事物就是這樣，有付出才有回報，而付出的多少有時是一個未知數，我們知道的只是你如果不付出就一定沒有回報。

現在的社會充斥著各式各樣的誘餌，它引誘著人們學會了娛樂，而有些人對此非常痴迷，但是如果不放下誘人的美食，你就得不到一個優美健康的身體，如果放不下娛樂，你就得不到美好的前途。所以如果你試著放下一些事，那結果是你必然會得到另一些東西。

珍妮佛是一個公司的小職員，老闆讓她和同事們到一家欠他們公司錢的公司去要帳。同事們嘗試過後一個個都鎩羽而歸，只有珍妮佛做到了。這是因為在他們臨走前老闆說過，只要你們要回了他們的欠我們公司的二十萬，剩下的十萬利息你們能要回多少都是你的。

貪心的同事們一個個自告奮勇，高興地去了，結果和對方談不攏都紛紛放棄了。而珍妮佛捨棄了九萬，只要了一萬利息。就這樣，她自己也得到了一萬，公司的欠款也要了回來，這就是珍妮佛的捨得。

第 8 章　學會放手：止損是人生的重要智慧
第一節：別拿無法挽回的損失來折磨自己

不要再被昨日流逝的榮譽所束縛，讓我們試著卒然臨之而不驚，無故加之而不怒，以一顆平常心快樂並且從容的活著。

我們每個人都生活在一個被煩惱包圍的世界裡。所以，我們注定就是一個憂愁的人。但是有煩惱不重要，重要的是你要學會拋開煩惱、遺忘煩惱、遺忘人生中的不如意和雞毛蒜皮。只有遺忘這些，我們才能輕裝上陣，生活的灑脫。

如果我們不能遺忘，事事都斤斤計較，那些煩惱和不愉快，只會越積越多，使我們感到生活越來越累。

遺忘是一種境界，是歲月的美容針劑，讓我們的心靈更加平靜祥和，讓我們學會諒解和寬容。人生在世，憂慮和煩惱有時會伴隨著我們。我們只有學會遺忘，生活才會更加美好。如果一個人的腦子裡整天胡思亂想，把沒有價值的東西也寄存在腦海中，那他或她總會感到前途渺茫，人生有很多不如意。

所以我們在大腦中儲存的東西，要定期進行及時的清理，把美好的保留下來，把讓人煩惱的予以拋棄。那些給人帶來諸多不利方面的因素，是在沒有過了若干年還去回味，這樣，人才能過得快樂灑脫一些。

Part 3　成為情緒的主人：修練你的脾氣控制力

第二節：別為昨天的不幸，浪費今天的眼淚

在家庭中，難過的坎一個接一個，生活的負擔永遠不會消失，它會裝成各種不一樣的方式，接連訪問我們。如果不學會遺忘，將永遠負著這一個接一個的負擔，總有一天沉重的壓力會將我們徹底毀滅。

在愛情上，也許我們曾經愛的很深，以至於無法面對分手的現實。但是，我們應該學會遺忘，讓時光沖淡那份傷痛，重新去感受未來美麗的人生。

在生活裡，可能我們會遇到很多故意或者無意的傷害，我們不能太在意，因為冤冤相報永遠沒有盡頭，智慧讓我們的人生在互相傷害中虛度。所以，我們應該學會遺忘。

古時候，一個少年背著一個砂鍋前行，不小心繩子斷了，砂鍋也掉在地上碎了，可是少年卻頭也不回地繼續前行。有人攔住少年問：「你知道你的砂鍋碎了嗎？幹嘛不回頭看看？」少年回答：「已經碎了，回頭又有什麼用呢？」說罷，繼續趕路。

少年是對的，既然砂鍋已經碎了，回頭看又有什麼意義呢？可惜很多人不懂得這個道理，仍然會為記憶中的慘痛經歷而浪費今天的眼淚，當然，結果也是於事無補。就如同人生中的很多次坎坷一樣，既然已經無法挽回，再去放不下也不過是徒勞。與其在痛苦中掙扎浪費時間，還不如重新找到一個目標，再次發奮努力。像那個少年一樣，不要因為失敗而做無謂

第 8 章　學會放手：止損是人生的重要智慧
第二節：別為昨天的不幸，浪費今天的眼淚

的自責和嘆息。當我們真正學會放棄時，那才是一種真正的超越，一種真正戰勝自我的強者姿態。

放棄是為了走得更遠，如果你對於那虛無縹緲的東西無法掌握，不如放棄它、遺忘它。「不要因為一個哨子而付出太高的代價。」富蘭克林如是說。我們有時候的確需要果斷地放棄和遺忘，背負著昨天的我們就像是負重的雄鷹不能振翅高翔，鴻鵠注定不能與飛機為伍，現實的殘酷不允許我們有太多的奢望。為了自己心中那座最高的山，我們必須有所放棄，放棄不切實際的空想，放棄成長路上的風花雪月，放棄登山途中的自我陶醉。當你登上山頂的那一刻，你會知道，之前所作出的所有放棄都是值得的。

人的情緒中積極的那面能讓你奮發上進，令你在事業上勇於搏擊，不斷進取，有助於事業上的成功和個人生活上的幸福；消極的情緒則使人沮喪悲觀，萎靡不振，令人不思進取，導致事業上的失敗和生活上的痛苦。

即使是在一帆風順的時候，我們仍然需要冷靜謹慎，舉止得當，這樣境況就會越來越好。相反，如果頭腦發熱，得意自狂，就會忘乎所以，摔跤吃苦頭。在挫折和不幸面前頑強奮鬥，可以重新點燃生命之火，從「山重水複」走向「柳暗花明」；而糾結於過去的失敗中，到頭來就會貽誤時機甚至會毀掉自己。

善於控制自己的人，面對棘手的事情也能處變不驚，從容

鎮定。十六國時期,前秦統治者苻堅親自率領 87 萬步騎進犯東晉,而東晉只有 8 萬兵力對敵。在異常嚴峻的形勢下,東晉主帥謝安泰然自若,運籌帷幄,穩定了軍心,鼓舞了士氣,在淝水之戰中,將前秦打得大敗。

一個不善於控制自己不良情緒的人,往往被消極情緒所左右,把事情弄得更糟甚至釀成悲劇。猛將張飛就是因為脾氣暴躁、鞭撻部屬而找來了殺身之禍的。就像有些年輕人,擁有激情和熱情,腦海裡容易掀起感情的波濤,如果掌控得宜,可以成為勇士,如果掌控得不好,則會由於一時的狂熱和憤怒而做出追悔莫及的蠢事。

我們每個人的精力都是有限的,如果你不控制自己,將自己的能量都用來發怒、悲傷,那還剩下多少留給了快樂和美好呢?站在生命的長堤上,永遠不可能同時占有兩岸,投身對岸就意味著放棄此岸。這對矛盾,就像生和死之間的矛盾一樣深刻,一樣驚心動魄。

我曾經因為史書上的一幕而動容:1970 年代聯邦德國總理、曾經的反法西斯戰士勃蘭特訪問波蘭,他來到一座紀念碑前,面對曾被納粹德國暴行付出了六百萬生命的波蘭人民,撲通一聲跪倒。這一令人震驚的舉動,讓在場的所有人都大驚失色。原本不必這樣做的他,替所有必須這樣做而沒有做的人跪下了。這一跪,使得構築了民族之間仇恨的藩籬轟然倒塌。為了得到全民族的安定與團結,勃蘭特放棄了自己的威嚴。

第 8 章　學會放手：止損是人生的重要智慧
第二節：別為昨天的不幸，浪費今天的眼淚

但是並沒有多少人真正懂得該在什麼時候放棄，常常是在我們最該執著追求的時候，人們放棄了，卻在最該放棄的時候，苦苦追尋著。生活中充滿了殘網和淚海，也總設定著歡樂和輝煌。當我們在某個生活的瞬間中跌宕時，放棄吧，放棄失敗後的苦悶，而今邁步從頭越！當我們沉浸在生活所給予的一時風光時，放棄吧，放棄成功後的愜意。明天又是新的一天了。

每個人都只是在自己的一小塊舞臺上演繹生活，有很多東西根本無法得到，就像是一個天生醜陋的人永遠不能改變自己的容貌，但他卻可以放棄對外表的挖空心思而竭力裝扮自己的頭腦，培養個人優良的修養。譬如一個優秀的科學家受到了國外大學的高薪聘請，但在祖國與金錢面前，他毅然放棄了物質利益而選擇了對祖國的一片赤誠。

有些人認為放棄是一種軟弱的行為，然而假如我們有深入地思考過我們的生活，會發現其實放棄是一種氣度、一種達觀，一種以退為進。一個善於放棄的人，往往是一個成功而坦然的人，因為他懂得取捨，懂得珍惜，更懂得抓住人生中的主要目標。

如果我們把生活中的這些痛苦和煩惱都仔細分析一下的話，我想我們會發現，這些痛苦的來源有一大部分是因為你無法放棄一些早該放棄的事情，像是很久以前的一次委屈，又或者是目前一個並不正確的努力方向，有勇氣戰勝自己的執念是

一件並不容易的事情。

當我們需要勇氣的時候，我們首先要做是要戰勝自己的懦弱；需要灑脫的時候，我們首先要做的是戰勝自己的固執；需要勤奮的時候，我們首先要做的是戰勝自己的惰性；需要寬宏大量的時候，我們首先要做的是要戰勝自己的淺薄；需要廉潔的時候，我們首先要做的是要戰勝自己的貪念；需要公正的時候，我們首先要做的是要戰勝自己的偏私。

曾經，藺相如放下身分，引車避匿，在歷史上留下了一段將相和的佳話；曾經，莊子放棄了屈從權勢的社會，做了一棵獨守望月的樹；曾經，五柳先生放棄了仕途，獲得了「採菊東籬下，悠然見南山」的恬靜與安然。於是我們懂得，有捨才有得。

第三節：人生複雜且長，學會簡單地活

獨自在小徑中踱步，感受著陽光和雨露的滋養，體會著世界的繁華與悲涼。生活就是這樣，依偎在父母身旁，幸福滿溢四周沒有方向，一切的不完美都得到了原諒，一切的快樂都讓你獨享，所有的錯誤都已被遺忘，幸福美滿就在你身旁。

將複雜的人生簡單化是一種大智慧。我們往往不願意放棄很多東西，但是人生中有很多東西是可以放棄也應該放棄

第 8 章　學會放手：止損是人生的重要智慧
第三節：人生複雜且長，學會簡單地活

的，因為最後你會發現你所追求的不過是所有人都在追求的東西。現代人最大的問題就是用別人的標準來衡量自己的生活，鄰居、同事、朋友擁有什麼東西，所以自己就應該擁有什麼東西。

像現代西方文化的原則是要發展和進步，一切都朝著讓生活變得更健康、更富有、更滿足、更有趣在努力。在許多國家，人們主要是以物質條件定義進步，把「生活水準」與「生活品質」畫上等號。在正規的政治討論中，這一觀點在相當程度上仍然沒有受到質疑。但是金錢和幸福的關係並不像很多人想的那樣明確。實際上，很多人是在令人難以察覺的絕望狀態下生活的。在經濟越發達的地方，這種情況越明顯。一項統計顯示，在美國，一對夫妻一天中只有十二分鐘進行交流和溝通；一週之內，父母只有五分鐘與子女相處，有一半的人處於睡眠不足的狀態。

時間危機其實是感情危機，每個人好像一直都在為一些事瘋狂的忙碌，然後疲憊不堪，沒有時間顧及與家人朋友的相處及其他事。大家都在為社會貢獻出自己的價值，美其名曰創造美好未來，但是生活真的變好了嗎？

其實財富不是一種準確的衡量幸福的標準，人們並沒有隨著財富的增加而變得更加幸福。在大多數國家，收入和幸福的相關性是可以忽略不計的，只有在最貧窮的國家裡，收入才是衡量幸福的標準。

Part 3　成為情緒的主人：修練你的脾氣控制力

　　從總體上來講，經濟發達國家的人看起來要比經濟相對沒有那麼發達國家的人幸福，但是兩者之間的差異幾乎是微乎其微的，而且造成這種差異的原因是財富之外的其他因素。在相對富裕國家裡，健康似乎更多地受到分配方式而不是平均收入水準的影響，與絕對貧窮相聯繫的物質匱乏對健康的影響其實並不非常重要；相比之下，社會不平等造成的相對貧窮的心理和社會結果對健康的影響卻比較大。

　　拋開這些複雜的理論不說，物質的進步有時確實會讓人們作繭自縛，就像是手機、電子郵件在今天這個時代已經成為了很多工作不可缺少的幫手。不過，如果一項工作每天都面對源源不斷的電子資訊，就很可能會產生「資訊疲乏症候群」。

　　許多上班族都在抱怨，每天必須接聽的電話和處理電子郵件對他們造成了精神上莫大的壓力，「資訊疲乏症候群」可能會造成長期失眠，嚴重影響健康。至於伴隨文明發展而產生的噪音汙染、光汙染等問題更是盡人皆知的了。

　　但是很多人在這樣的生存環境下感到習慣，習慣控制著我們的生活。你習慣每天早上七點起床，早餐的選擇基本就是固定的幾種，之後準時上班，工作的內容也早已是駕輕就熟的例行公事。習慣固定了我們的思考方式，讓生活成為機械化的的程序，結果是複雜了你的生活和心情。

　　你習慣了用固定的角度來思考問題，可能會對自己的觀念感到愉快，但是也開始無法接受別人的或者新的觀念了。習慣

第8章　學會放手：止損是人生的重要智慧
第三節：人生複雜且長，學會簡單地活

性情緒越多，個性也就越小家子氣，從而逐漸失去創新的想法和動力，使我們成為受習慣支配的機器。因為習慣，我們對這個浮躁的世界沒有感到什麼不對勁，只有老了之後回首一生的時候，才會悲哀地發現，自己的一生，原來是這麼不幸福。可是真正的幸福又是什麼呢？

在我看來，幸福來源於「簡單生活」。成功和財富並不能帶來真正的快樂，真正的幸福來自於發現真實獨特的自我，保持心靈的寧靜。

有人以為「簡單生活」意味著苦行僧般的清苦，辭去待遇優厚的工作，靠微薄的存款過活，並且清心寡欲。這是對簡單生活的誤解。「簡單」意味著「悠閒」，僅此而已。如果你喜歡豐富的存款，那就不要失去，但是重要的是要做到收支平衡，不要讓金錢帶給你過度焦慮。無論是中產階級還是收入微薄的退休工人，都可以把生活過得盡量悠閒、舒適。

不是人人都要像梭羅一樣子身一人走進森林，才能獲得平和與安靜的感覺，關鍵是我們對待生活的方式，是我們如何在日常生活中挖掘生命的熱情和意義。

簡單生活，人人平等。簡單，是平息外部世界不停的喧囂，從內心回歸自我的唯一途徑，當我們為了擁有一幢別墅、一輛豪車而加班加點地拚命工作時，每天晚上在電腦前疲憊的倒下時，或者是為了一次小小的提升而默默忍受上司的苛責時。為了約會強顏歡笑，到頭來回家面對的只是一個蒼白孤獨

Part 3　成為情緒的主人：修練你的脾氣控制力

的自己時，我們真的要問問自己幹嘛這樣，它們真的這麼重要嗎？

多一份舒心，少一份煩惱；多一份真誠，少一份虛偽；多一份愉悅，少一份悲苦，這就是簡單生活所追求的目標。外界生活的簡樸將帶給我們內心世界的豐富，從而我們將發現新生活在面前敞開，我們將變得更加敏銳，能真正深入、透澈的體驗和理解自己的生活，我們將為每一次日出而欣喜，我們將重新向自己喜愛的人們敞開心扉，表現真實的自然。

那時候我們將會發現，不能接近他人，因為隔閡而不能溝通，這些都只不過是匆忙和疲憊造成的假象。只有當我們輕鬆下來，開始悠閒的生活才能體驗親密與和諧，友愛無間。我們將不在生活的表面遊蕩不定，而是會深入進去，聆聽生活本質的呼喚，讓生活變得更加有意義。

我們總是生活在明天裡，我們急著等待週末、假期、孩子長大、自己退休。我們一刻也不停的轉著。我們對塞車的馬路亂罵髒話，我們在超市中煩躁的選購著商品，我們對著電視不停的切換頻道，我們一直在催促著孩子快點。

梭羅說，我可以殺死時間而毫無後遺症。我們確實在謀殺我們的時間，這曾經是無所事事的說法，但現在，我們真正地在毀掉我們的時間。我們創立了人類有史以來一個最佳的文明，但我們根本沒有時間去享受。這就像是浮士德與魔鬼的交換條件。

第 8 章　學會放手：止損是人生的重要智慧
第四節：得失心不重，才能走得長久

簡單生活不一定是金錢上的匱乏，但它一定是心靈的自由。簡單生活也不是無所事事，但卻是精神的解脫。一個清潔工和一個公司總裁同樣可以選擇過簡單的生活，一個隱居者和一個億萬富翁如果都認同簡單的做法，他們同樣可以更充分的吸取生活的營養，然後快樂終生。「簡單」的關鍵是你自己的選擇和內心感受。就畫素食主義只是簡單主義者的一種選擇，但並非簡單生活的本質。

第四節：得失心不重，才能走得長久

人生萬事，如果總是能保持著一顆平常心，是一種莫大的福分。平常心會讓我們的腳步舒緩有致，生活有條不紊，笑賞世間風雲，淡看人生風雨，平和安詳，從容淡定，穩步前行，寵辱不驚。有平常心，就不會過分在乎得失成敗，對生活、對事業、對感情，只做自己該做的，相信耕耘一定會有收穫，但未必能有如意的收穫。對順其自然意料之中或者出乎預料的所得，要平靜應對，秉承得之我幸，失之我命的超然態度。

與平常心相比，得失心往往表現為對事情的過度計較和固執，想做的事情達到了，就欣喜若狂晴空萬里，一旦付出沒有回報，則會氣憤難平烏雲密布。時間長了，不免沉淪，市井氣息過重，真的就只能是俗世人生，想飛也飛不起來了。如同釣魚一樣，非要釣上幾條魚才能感覺心滿意足，否則就悵然若失

Part 3　成為情緒的主人：修練你的脾氣控制力

鬱悶不已，如此一來，恰恰失去了釣魚在釣而不在魚的樂趣。

人生除了物質世界中的種種，似乎還應該有些精神和心靈的愉悅。人生在世肯定不能完全免俗，沒有一點得失心似乎過於不食人間煙火，也未必可取，當然那也不是一般人所能達到的境界。但是得失心過重，卻難免思慮過重，患得患失，甚至蠅營狗苟，疲於追逐，不免失了做人的樂趣。

很多時候我們永遠都得不到自己想要的東西，但是重要的是你還願不願意去追尋。如果你願意，即使到最後你還是沒有成功，卻也收穫了不一樣的風景。不是每一次努力都會有結果，但每一次努力，我們都在成長。也正是這一次次的努力，一點一滴的成長和進步，最終才能為我們的人生加冕。

我們每個人都有情緒，但是從情緒的火星到最後熊熊大火的燃燒，這中間的很多時候，我們都是可以及時喊停出來滅火的。

1904 年，法國數學家龐加萊提出一個猜想：任何一個封閉的三維空間，只要它裡面所有的封閉曲線都可以收縮成一點，這個空間就一定是三維圓球。這就是「數學界七大難題」之一的「龐加萊猜想」。這道題曾讓無數數學家望而卻步。

為了征服這個數學領域的高峰，2000 年，美國麻省克雷數學研究所專門設立了一個獎項，懸賞一百萬美元，尋求破解此題的答案，誰解開了龐加萊猜想，誰就能名利雙收。面對誘惑，全世界的數學家們趨之若鶩。但是一個多世紀以來，儘管無數人為了這道題想破了腦袋，但是它依然懸而未決。

第 8 章　學會放手：止損是人生的重要智慧
第四節：得失心不重，才能走得長久

　　2003 年，一個名叫格里戈里・裴瑞爾曼的人解開了龐加萊猜想。讓人意想不到的是裴瑞爾曼竟然只是俄羅斯一位名不見經傳的數學研究員。成名後，很多人讓他談談龐加萊猜想的經驗、思路以及對成功的認知，但是性格古怪的裴瑞爾曼不僅拒絕了媒體的採訪，而且對百萬獎金充滿了不屑。他丟下一句「我不需要什麼來證明我的成就」之後，就告別塵世喧囂，隱居在聖彼得堡的鄉下。

　　裴瑞爾曼在一個靠著貧民窟的棚舍裡隱居了下來，貧民窟裡住著一大群光棍。自從裴瑞爾曼歸隱後，不斷有年輕嫵媚的女粉絲慕名而來，平靜的生活被打破了，他叫苦不迭，旁邊的光棍們卻看紅了眼，個個垂涎欲滴。對於這個新鄰居，他們想，裴瑞爾曼看上去比自己還邋遢，頂多也就是個乞丐，但是為什麼會有那麼多的漂亮女人都甘願前來投懷送抱？

　　一天晚上，他們來向裴瑞爾曼討教這其中的「祕訣」。裴瑞爾曼聽了之後指了指天上的月亮，狡黠的一笑：「誰能追到它，我就告訴誰。」眾人撒腿就跑，但月亮明顯跑得快多了，遠遠地把他們甩在後面。

　　兩個小時之後，光棍們汗如雨下，氣喘吁吁。裴瑞爾曼卻在哈哈大笑。光棍們感覺被耍了，抓住了裴瑞爾曼想要暴揍他一頓。裴瑞爾曼急忙說，你們慢慢向前走看看。光棍們將信將疑的照做了。一小會兒後，他們偷偷地朝後看了一眼，月亮正悄悄地跟著他們呢，但是他們還是不明白裴瑞爾曼是什麼意思。

Part 3　成為情緒的主人：修練你的脾氣控制力

突然，這位天才數學家嚴肅了起來：「世上很多事情就是這樣，你越迫切的渴望得到它，越患得患失，反而就越得不到。當你心無旁騖地在走自己的路時，它卻緊緊地跟著你。」

擁有優雅人生的人一定有一顆平靜的心，一個淡定的心態，才能這樣的從容和恬淡。你可以跑在時間前面，但不要跑在寧謐的心前面；人生的風景，說到最後是心靈的風景，心若急了，一輩子無論走多遠，也都沒有什麼韻致可言；環境可以亂，心靈不能亂，做事可以趕，心不可以急。裴瑞爾曼替光棍鄰居們上了生動的一課，用自己的經歷向我們講述了一個看淡得失心的道理。

好的生活不是在市井中夢想著桃源，而是日常柴米油鹽中守得住窗前的明月，還有心力去尋找遠山之燈。得失心太重，容易焦慮的人，可以試試下面這些輔助的方法：

首先，可以試著將自己擔心或者害怕失去的事情都寫下來，經過一段時間之後，再回頭看，會發現記錄下來的東西，基本上都不會實現。於是，以後再出現這類擔心的事情時，除了將它寫下來，還要思考事情的最壞結果，做好應對的辦法和心理準備，順便也記錄下來。告訴自己，事情最壞也就是這個結果，沒什麼好怕的。基本上堅持記錄幾個月或半年，這種情況就能大大減輕。過上一段時間再回頭看當時記錄的內容，會發現當時真的很傻，竟然會因為這樣的小事而擔心。

其次，看一些能刺激精神或者洗腦的成功學書籍、影片

第 8 章　學會放手：止損是人生的重要智慧
第五節：不為打翻在地的醬油哭泣

等，就像喝提神飲料一樣能在短期振奮一下精神，不過有效期很短，可能只有兩三天。

然後，強迫自己不要想太多，透過運動大汗一場，再洗個熱水澡，好好的睡一覺。很多問題，在睡完一個好覺之後，要麼就變得不再是問題，要不就會比較容易地想到解決的方法，而不會再像前一天那樣焦慮。

最後，站在更高的角度和眼界上去看待這件事，有些事情如果你只從眼前去看，可能是件非常了不得的事情，但是從長遠去看，可能真的沒有什麼了不起。格局大了，煩惱自然就小了。

人的一生，不是得到，就是失去，兩者在不停的交替。在現實生活中，得與失無處不在，無時不有。當你失去了繁華的燈紅酒綠，就意味著將獲得無染的藍天白雲，當你得到了名人的聲譽和鉅額財富，就意味著失去了做普通人的自由權利。執著苦累，放下就好，名利皆虛，平安就好，是得是失，心知就好。

第五節：不為打翻在地的醬油哭泣

也許是天性使然，也許是虛榮心在作祟，我們心裡那份追求完美的情結總是深深地嵌進我們的心靈深處。我們根本就捨

不得放棄，捨不得放棄這凡塵俗世中的種種誘惑，即使明知道是隨風易逝的流雲，明知道是不可挽留的歲月，可是仍然會痴痴的守望著，傻傻的等待著。

當我們在不斷追求更多東西的路上越走越遠的時候，經常會忘記一條人生最基本的原則——放棄。閉上眼睛時，常常想像那些被放棄的很可能給自己帶來輝煌，然後聽見自己的心在滴血。請你清醒一些，所有的一切都只是可能，我們不能因為可能出現的假象而死死抱住所有。

紅梅放棄了與百花爭豔，卻贏得了傲雪凌霜的千古美名；隱者放棄了爭名逐利的世俗，最後換回了生活的寧靜與淡泊；比爾蓋茲放棄了正在選修的電腦課程，最後才成為了世界首富。所以，人生是需要取捨的。

當一瓶醬油打翻在地的時候，你是想要留在原地為自己的損失而哭泣，還是放棄無法挽回的，珍惜還可以珍惜的呢？已經打翻在地的醬油從落地的那一刻就變成了摘不到的鏡中花、撈不到的水中月，明知它已成幻滅，再傷心也不能改變分毫，那為什麼不早點放手呢？

放棄其實也是一種美，只有放下了該放下的，心裡的傷疤才會比較容易癒合，即使留下疤痕，也會使自己的心變得有稜有角，堅忍不拔。學會放棄才能使自己真正地懂得珍惜現在所擁有的一切，只有痛苦的放棄才能使自己卸下包袱輕鬆前進。

傲骨如梅也是放棄了在明媚的春光中與百花爭春的機會，

第 8 章　學會放手：止損是人生的重要智慧
第五節：不為打翻在地的醬油哭泣

而獨自在蝶寒斂翅、花冷不開的臘月怒放，於是，皚皚白雪的天地間有了「清香滿乾坤」。我們把這種放棄稱之為美，美在高潔和素雅。

孟母放棄了三處阡陌交通、熱鬧繁華地段的房屋，一次又一次地大費周折，不惜旅途勞累擇鄰而居，最終因教子有方傳為一段佳話。同樣，我們也把這種放棄稱之為美，美在明智、高遠。

「少無適俗韻，性本愛丘山」的陶淵明放棄了官場的明爭暗鬥、追名逐利，選擇了「種豆南山下」的歸隱生活。這種放棄，我們認為美，美在清新、純樸。

幾千年裡，世事浮沉，歷史的車輪不斷地行進著，紅塵的喧囂一刻也未曾停止過。都市裡，人們在匆忙地的前行，為一些所謂的金錢、名譽而忙碌著。這樣殘酷而冷漠、激烈而又彷彿不動聲色的角逐，令無數人身心疲憊。

當你的天空不再寬廣、目光不再犀利時，不要再無休止的進行追逐了。放棄吧，因為放棄也是一種美。放棄自己很久以來的漠然表情，用真誠的笑臉對待周圍的每一個人，你會發現原來生活是如此美好。

人生就像一場旅行，在啟程之前如果背負得太多，啟程時就不會那麼輕鬆。只有選擇放棄，才會享受到美好的人生。

生活中的期望值越高，失望率也越大。如果把自己的目標設定地過於遠大，通常最後的成效都不如預期。由於達不到設

Part 3　成為情緒的主人：修練你的脾氣控制力

定的目標而產生不良的情緒，這完全是自己跟自己過不去。如果想改變自己的情緒，就應該明白：這個世界本身就不是十全十美的，自己的生活也是如此。任何時候都應該學著放棄不必要的東西，只有學會了放棄，才能輕鬆地啟程。

放棄不但是一種美，更是一種選擇。走在人生的十字路口，你必須學會選擇適合自己的道路；面對失敗，你必須學會放棄懦弱；面對成功，你必須學會放棄驕傲；面對公共利益，你必須學會放棄私欲；面對弱勢族群，你必須學會放棄冷漠……使我們只有在困境中放棄沉重的負擔，才會擁有必勝的信念。

放棄我們應該放棄的，我們才可能擁有更多。因為只有把心裡的舊物清空了，新的才能進來；只有虛懷若谷，才可能呼風喚雨，吞雲吐霧；只有浩瀚如海，才可能不擇江河，千古風流。因此在這個意義上來說，學會放棄，甚至比擁有更加重要。

當我們遇到魚與熊掌不能兼而有之的時候，我們要學會放棄；芝麻和西瓜沒有足夠的時間一起撿拾時，我們要放棄。有時候，放棄不僅僅需要勇氣，更需要一種智慧。時代不同了，放棄的方法、內容不盡相同。面對新的實際，需要我們在事業和生活中好好學習，好好把握。

天上不會掉餡餅，地上卻到處是陷阱。放棄絕不是一種簡單的減法，放棄甚至就不曾是減法。我們首當其衝要學會的，

第 8 章　學會放手：止損是人生的重要智慧
第五節：不為打翻在地的醬油哭泣

也許就是放棄自己仍然抱定的舊的思維模式。誰先衝破思維定勢，誰就能贏得新的勝利，創造歷史。

人生在世，我們都在爭取一切美好的東西：學生要爭取的是更好的成績，考上更好的學校；老師要爭取教出更多好學生，桃李滿天下；農夫每天要爭取更好的收成；工人爭取獲得好的效益；商人爭取生意興隆，多獲利潤。

人人都想爭取得到更好的物質享受，嚮往人生事業的輝煌。但是現實生活中的許多方面，讓我們不得不放棄眼前的利益，這樣或許我們能有更大的收穫。放棄失敗，我們才能成功。暫時的放棄可以享受另一種優美。不懂得放棄，時時刻刻都會有著生活的壓力。

放棄是人生的一種睿智，學會放棄是一種超越，學會放棄也是人生的一種最高境界。嚮往人生的事業輝煌，就要放棄人生的安逸和享樂。嚮往友情長存，就要放棄心中自私自利的欲望。嚮往人生的淡泊明志，就要放棄名利爭奪。嚮往和諧社會，就要放棄一些矛盾衝突和抗爭。

宋朝的呂蒙正，被皇帝任命為副宰相。可是第一次上朝時，人群裡突然有人大聲譏諷道：「哈哈，這種模樣的人，也配入朝為相啊？」可是呂蒙正像沒有聽見一樣，繼續往前走。跟隨在他身後的幾個官員卻為他鳴起不平來，紛紛拉住他的衣角，一定要幫他查出究竟是誰這麼大膽，敢在朝堂之上譏諷剛上任的宰相。

Part 3　成為情緒的主人：修練你的脾氣控制力

　　呂蒙正退卻開眾人，說道：「謝謝你們的好意。為什麼我一定要知道是誰在背後說那些難聽的話呢？如果一旦知道了，我一生都不會放下的，以後還怎麼處理朝中之事？」

　　呂蒙正之所以能成為大宋的一代名相，其根源正是他具有能放下一切榮辱的胸襟。在人生的旅途中，一個人如果喜歡把自己所遇到的每件東西都背上，就會感覺特別累，說不定哪天會因身體難以擔負如此沉重的東西而停止不前或者倒地不起。就像在車站，我們看到走的最累的都是背著大包小包的人。只有攜帶的包袱越少，才會越輕鬆，一個人越是淡薄名利，精神就越自由。

第 9 章
情緒思考法：
1 分鐘冷靜勝過 1 小時爭吵

第一節：忍讓不是怯懦，而是修養

當你認為某人在向你挑釁的時候，你肯定會有激動的感覺，在這個時候，就要控制自己不要發火，要對自己說：「我知道現在我有點激動，有點驚慌失措，但我知道怎樣控制自己，這一點怒氣有什麼可怕的，不要把事情看得那麼嚴重。這雖然讓人氣憤，但我有自信。我要努力做到冷靜、放鬆才行。」

在被捲入衝突時，平靜是非常重要的。你要想辦法使自己平靜下來，你要提醒自己冷靜和放鬆。只要保持冷靜，就能自我調節。這時，可以想一想，比如：我為什麼要發火？發火能顯示出我的厲害嗎？所以，這事不值得我去發火。就這樣，自己心中的怒氣很快就會消失了。

有人認為在遭到挑釁時還想著「吃虧是福」是傻子才會做的事。吃了虧不發火、不伺機報復就已經不錯了，還要讓人認定是一種福氣，這聽起來似乎有點說不過去了。但吃虧是福的

Part 3　成為情緒的主人：修練你的脾氣控制力

說法其實是有道理的。

要想成功，就得學會受氣，而且還是主動受氣。懂得此刻暫時的吃虧就是占便宜的道理。其實，世界是公平的，也許你今天受了別人的氣，吃了一點小虧，但你卻從中學到了忍耐，學會了堅強，正是那忍耐和堅強成就了你明天的成功。

有一個砂廠老闆，他經營的工廠多年來一直都是長盛不衰。說起來他的祕訣也很簡單，甚至在有些人眼裡可能是一個笨蛋做的事：他在與每個合作者分利的時候，總是把大頭讓給對方，自己只拿小頭。

凡是與他合作過的人都願意與他繼續合作，而且還會介紹一些朋友，再擴大到朋友的朋友，大家都成了他的合作夥伴或者客戶。人人都說他好，原因就是因為他只拿小頭。可是如果把那些小頭集中起來，最大的大頭也就產生了。真正的贏家，就是這樣形成的。

正因為人都有渴望利益的本性，所以自己吃點虧，讓別人得利，這樣就能最大限度地調動別人的積極性，這樣才會使自己的事業興旺發達起來。

適度忍讓，並不是僅針對工作中的夥伴，對生活中的人更是重要。有些人常怕自己吃虧，因此他們總愛僅僅計較，處處較勁；即使是蠅頭小利，也要與人爭得面紅耳赤，吵鬧不休。他們若是占了別人的一點便宜，心裡就會像吃了蜜一樣甜。

做人是不能怕吃虧的，做人的可貴之處倒是樂於吃虧。自

第9章　情緒思考法：1分鐘冷靜勝過1小時爭吵
第一節：忍讓不是怯懦，而是修養

己主動吃點虧，往往能把棘手的事情做好，能把很難處理的問題解決得妥妥當當。

西漢時期，有一年過年前，皇帝下令賞賜給每個大臣一頭羊。羊有大有小，有肥有瘦，負責分羊的人很煩惱，不知道該怎麼分才能讓大家滿意。正當他束手無策時，一名大臣從人群中走了出來，說：「這批羊很好分。」說完，他就牽了一隻瘦羊，高高興興地回家了。

其他大臣見了此情景，也都紛紛效仿，不加挑別地牽了一頭羊就走，擺在大家面前的難題一下就迎刃而解了。最先牽走羊的大臣既得到了其他大臣的尊敬，也得到了黃帝的器重。對於這名大臣來說，吃虧不正是福嗎？

吃虧的人，能讓人們覺得他有度量而加以敬重，這樣吃虧者的人際關係自然比別人好。當他遇到困難時，別人也樂於向他伸出援助之手；當他經營事業時，別人也肯給予支持，給予幫助，他的事業自然也就容易獲得成功。只要我們留心一下歷史上和身邊的人，就不難發現，但凡是那些取得成就的人，尤其是那些有傑出成就的人，無一不是胸懷寬廣又能虧己的人。

吃虧人常在，財去人安樂。這是古人留給我們的人生哲學。人的生命軌跡總是有跡可循的，對於那些吃虧的人，無論是社會還是他人總會適時地給予其相應的或者更多的補償。相反，總愛貪小便宜的人，最終貪不到真正的便宜，而且還會讓人在背後戳脊梁骨。

Part 3　成為情緒的主人：修練你的脾氣控制力

　　世界上有多少人為了一己私利，為了自己不吃虧或者多占他人便宜而出演了一幕又一幕的人間悲劇。但其實吃虧占便宜，正禍福相依一樣，是互相依存、互相轉化的。

　　鄭板橋曾說，試看世間會打算的，何曾打算得別人一點，真實算盡自家耳！我們應該牢記這句話。吃虧並不是什麼壞事，它能夠讓我們認清事情原來的本質，以便可以在今後的生活中得以借鑑。

　　吃虧能訓練和培養人的承受能力。擁有了對吃虧的承受能力，你做起事來就會百折不撓，自己摔倒自己爬起來，成為一顆蒸不熟、煮不爛、打不碎的銅豌豆。吃虧是福，也是因為吃虧會讓我們加深記憶，讓我們自我反思和了解人情世故。

　　你可以從裡面得出經驗教訓，它會時刻提醒你哪些事可以參與，哪些事不能涉足。吃虧是讓我們以後少吃虧或者不吃虧。用爭奪的方法，你永遠得不到滿足，但用讓步的辦法，你可以得到比期盼的更多。吃虧，雖然意味著捨棄與犧牲，但也不失為一種胸懷、一種品格、一種風度。

　　愛占小便宜的人，總是費盡心機地去算計別人，在其熱情、仗義和關心的面具下，更多的是肆無忌憚地對別人的進攻與傷害，而不怕吃虧的人，總是把別人往好處想，在其天真、迂腐和軟弱的背後，是一個開闊的、寬容的、不設防的世界。

　　不怕吃虧、善於吃虧的人不但不會真地吃虧，還會生活在輕鬆、自在、愉快中。每個人都不願意和斤斤計較的人做朋

第 9 章　情緒思考法：1 分鐘冷靜勝過 1 小時爭吵
第一節：忍讓不是怯懦，而是修養

友，只有不怕吃虧的人，才會在一種平和自由的心境中感受到人生的幸福。

在與人的相處過程中如果從來不忍讓，只知道占便宜，他最終肯定會成為孤家寡人，因為別人很難願意與這樣沒有修養的人打交道。從另一個角度看，如果我們在許多時候樂意多讓出一些利益，別人與我們打交道就會放心，而且只要對方是一個正常的人，在適當的時候，我們肯定會有不同程度的回報。

如果我們都能從自己做起，寬容地對待別人，相信一定會收到意想不到的結果。幫助別人打開一扇門的同時，自己也會看到更廣闊的天地。做人需要忍讓與寬容。寬容是一種美德、一種素養。寬容與膽小怕事、懦弱無能大不相同，寬容是能包容天地的偉大胸襟。

忍讓和寬容能讓人達到健康快樂的狀態。這樣的人，心胸寬廣，能以一種積極樂觀的態度和豁達的胸襟來看待周圍的一切。寬容的人從不會因為別人的過錯而大發雷霆，所以與這種人溝通、交流起來很容易。

寬容的人更具有人格魅力，更容易擁有好的人際關係。卡內基是美國著名的成功學家，他在書裡曾寫道，對全球 120 對成功人士的調查發現，他們都有一個共同的特點，就是能處理好人際關係。正是因為他們有容人之量，人際關係才會那麼好，名人和普通百姓都是如此。

Part 3　成為情緒的主人：修練你的脾氣控制力

第二節：緩住性子，穩住步伐，以靜才能制動

　　早上起來，她發現家裡停電了。沒有辦法用熱水盥洗，沒有熱牛奶、烤麵包，只能匆匆打理一下就出了門。剛走進電梯，鄰居家養的小狗一下衝進來撲到她身上，新買的白色長裙上頓時出現兩隻黑黑的爪印。開車時因為未禮讓行人被警察攔住，罰了1,200元。到公司的時候正好晚了一分鐘，又扣了100元。衝進會議室開例會，老闆正在宣布工作調整名單，她的業務居然被無故暫停，她的職位被一個不學無術的富二代取代了。

　　午餐時，所有人都鬧著要新主管請客，大家笑著一起出了門，沒有人叫她。一個人去了餐廳，剛要吃飯，重要客戶打電話過來取消了金額最大的一筆訂單，年底的獎金泡湯了。看著面前的午餐，她再也沒有一點胃口。

　　剛回到公司，電話響了，媽媽在電話那頭哽咽，說外婆的病又重了，可能熬不過這個月。她絲毫不敢提及自己的工作變動，只說會盡快趕回去看外婆。放下電話，暗戀了十年的男生傳來訊息說：我要結婚了。

　　黃昏，叫車回家，可是計程車司機聽到她要去的地方都拒載。只好穿著高跟鞋，拎著筆電包包，自己往家的方向走去。腳上磨出了血泡，她停下來看著頭頂冷冷的月亮，眼淚奪眶而出。

　　生活充滿了悲傷，拚盡全力的也會急轉直下，刻骨銘心的也會草草結局，飛蛾撲火的也會灰飛煙滅。於是我們終於覺得

第 9 章　情緒思考法：1 分鐘冷靜勝過 1 小時爭吵
第二節：緩住性子，穩住步伐，以靜才能制動

筋疲力盡，無路可走。

她擦乾眼淚，繼續搖晃著向前走去。下個路口，終於有輛車停了下來，說出地址，司機友好的說，這麼巧，我們住在同一個社區，看妳走得辛苦，正好收工，免費送妳回家。

她邊道謝邊上車，電話響起，客戶在另一端說，訂單雖然取消了，但是她敬業的態度讓他覺得感動，不知她是否對新的職位感興趣？如果願意就跳槽到自己的公司，薪水漲一倍，職務也提升。她驚喜地說著謝謝，心情開朗了起來。

然後順手向暗戀的男生回了個訊息，說：「祝你幸福。」回覆：「今天我跟阿姨通了電話，我們這週末一起回家看外婆吧。」她驚訝的說：「為什麼你要陪我回家看外婆？」他傳來一個笑臉：「如果不是想讓外婆開心，我不會把求婚提前這麼久的。」她不敢相信看著那行話，手足無措。

他像是知道她的心事，又發：「我都知道，我也喜歡妳。」她紅了眼圈，心上開花。一路笑著回了家。剛拿出鑰匙，鄰居家的門卻先開了，「今天我遛狗回來，發現妳家的電閘壞了，就讓我老公幫妳修好了。」她身後的小狗探出頭來，汪汪地叫了兩聲，快樂地搖著尾巴。

所有的故事都會有一個答案，所有的答案未必如我們所料。重要的是，在最終答案來臨之前，你是否耐得住性子，守得穩初心，等得到轉角的光明。堅持住，一切都是最好的安排。

Part 3　成為情緒的主人：修練你的脾氣控制力

　　自從魯迅先生創造了《阿Q正傳》以來，阿Q精神就一直都被我們津津樂道，基本是以嘲笑的口吻在形容擁有阿Q精神的人。可能我們沒有想過，撇開阿Q身上落後無知的部分，單就阿Q精神勝利法而言，卻蘊含著深刻的人生哲理，在為人處世方面，阿Q精神值得提倡。

　　用各種方法進行自我安慰，是阿Q精神勝利法的重要特徵。不管受到多大折磨或者精神上受到多大凌辱，阿Q總能找出各種藉口，求得心理平衡。俗話說，境由心造。人的一生沒有一帆風順的，在路途中總會遇到挫折和疾病，這個時候就要看自己的心態了。是整天沉浸於失敗的痛苦中，還是辯證地看待一時的不利？

　　答案顯然是後者，雖然我們失敗了，但是精神不能敗，此時的精神勝利法就是在逆境中尋找成功通道的一個好方法。

　　我們常常羨慕百歲老人仍然還有一個健康的身體，而他們之所以能夠長壽，除了擁有健康的生活習慣之外，最重要的一點就是他們為人處世都很大度，對待事物都有一種樂觀豁達的心態，這讓他們的煩惱減少再減少，所以他們可以時刻耐住性子穩住步伐，自然長壽。

　　只有懂得以靜制動的人，才能積極樂觀的對待生活，在面對困難時才能處變不驚，頭腦冷靜，凡事都以大局為重，表現出過人的膽識。在個人利益與集體利益發生衝突時，一般人首先想到的是個人的得失，而有耐心的人懂得以靜制動，冷靜的

第 9 章　情緒思考法：1 分鐘冷靜勝過 1 小時爭吵
第二節：緩住性子，穩住步伐，以靜才能制動

分析問題，以集體的利益為重，為長遠的利益考慮。

易怒易焦急的習慣該怎樣克服呢？

首先，要想改掉自己小心眼的毛病，加強個人的品德修養，遇到與個人得失、榮辱之事有關的時候，要經常想到集體和他人；經常想到自己的目標和事業，這個時候再計較一些閒言碎語恐怕就會感覺不值得了，心裡的結也就解開了。

然後，要用知識來充實自己的頭腦。一個人的氣度與知識量有著密切的關係，立足點會隨著知識的增多而提高，知識面擴大了，眼界也會相應開闊起來。這時，就會對一些身外之物拿得起、放得下，這樣會使自己的情緒好起來，就會大肚能容天下難容之事。

當然，氣量狹隘、學識淵博的人也是有的，但是這並不意味著知識與修養是互不相容的關係，只能說明我們應該言行一致。所以，若要開闊自己的胸懷，一定要多讀書，尤其是一些心理學方面的書。

最後，要有點阿 Q 精神，降低你的期望值。在生活中要不斷地提醒自己，期望不要過高。如果你的期望與現實之間的差距很大，而你還是抱著一成不變的期望，那你很快就會被失望激怒，這樣只會讓事情變得更加糟糕。

想要降低期望值，可以從降低我們生氣的次數和生氣的強烈程度開始，還可以不定期減少生氣的時間。隨時調整你的期望，時刻保持一顆清醒的大腦，只有這樣，才能透過自負的烏

雲看到陽光。

大部分成功的人都經歷了太多的挫折，他們能成功的原因，是在無數次失敗的打擊下，能不斷地更新自我、不斷的努力。可能也有一直努力但最後仍未實現目標的人，他們也是成功者。就像鱷魚，他們經常狩獵，可是失敗的次數很多，成功的次數很少，有時甚至一年半載都沒有食物。但是他們卻能非常坦然地接受這一殘酷的現實。不沮喪，不氣餒，不以物喜，不以己悲，以異乎尋常的平和心態養精蓄銳、勵精圖治。

生活中就是有一些像鱷魚一樣的人，他們雖然暫時沒有成功，卻從不放棄努力。他們要用自己的行動去證明：他們時時刻刻都在等待，他們是世界上最棒的人，他們是可以經受任何一種打擊的強者。願你成為這樣的人。

第三節：所有隱患都來自一個草率的決定

生氣是情緒的一種表現，它既傷人也傷己。生氣的程度是有差別的，輕者雙目圓瞪，不歡而散；重者頭暈眼花，傷身傷心。在古代有昏君一怒為紅顏毀了江山，而現代同樣有人意氣用事，把自己的事業推向失敗。

不同的人聽到同樣一句話，有些人會因為這句話受到激勵，然後奮發圖強，有所作為。有些人卻因為這句話受到刺

第9章　情緒思考法：1分鐘冷靜勝過1小時爭吵
第三節：所有隱患都來自一個草率的決定

激，暴跳如雷，耽誤正事。前者是一種積極的作為，後者是一種消極的發洩，人要積極，不能單純發洩。

人有七情六慾，就難免也有喜怒哀樂。人生起伏高低，難免有高潮谷底，順風則時運濟濟，逆風則諸事不順。生活中有太多不值得我們去計較的小事，公平、完美、屈辱、顧慮、失去……正是執著讓我們失去了生活本應有的快樂和幸福，學會淡泊、學會忘記、學會放棄、學會不去計較、學會用奮發向上代替生氣，這是一種智慧，更是一種超脫。

古代西藏有一個叫艾迪巴的人，當與人爭執的時候，他會以最快的速度跑回家去，繞著自己的房子和土地跑三圈，然後坐在田地邊喘氣。艾迪巴工作非常勤勞，土地也越來越廣，可是不論房子和田地有多大，只要與人爭論生氣，他還是會繞著房子和入地跑三圈。

艾迪巴老了之後，他的房產和地產也越來越廣，每當生氣時，他還是會住著拐杖艱難地繞著土地和房子走，等他好不容易走完了三圈，太陽都下山了。艾迪巴獨自坐在田野邊喘氣，他的孫子在身邊懇求他：「爺爺，您年事已高，不能再像以前一樣，一生氣就繞著土地跑了，你能不能告訴我您為什麼要這樣做啊？」

艾迪巴對小孫子說：「在我年輕的時候，每次和別人吵架、爭論、生氣，就會繞著房子和土地跑三圈，邊跑邊想，我的房子這麼小，土地這麼小，我根本沒有時間、也沒有資格去跟人

家生氣。一想到這裡，我的氣就消了。」

孫子又問：「爺爺，我不明白，現在您年紀大了，又變成了附近最富有的人，為什麼還要繞著房子和土地跑呢？」艾迪巴笑著說：「因為我現在還是會生氣，生氣時繞著房子土地走三圈，邊走邊想，我的房子這麼大，土地這麼多，我又何必跟人計較呢？一想到這裡，我的氣就消了。」

其實生活中的很多不順利的場景其實都稱不上不幸，沒有相應的能力去應對突如其來的危急事件才是最不幸的。面對厄運時，我們的憤怒、消沉和自暴自棄都無濟於事，甚至會讓事情向更壞的方向去發展。相反，如果你能將憤怒化為力量，那麼你就能成就大事，藉厄運之機磨練意志，扭轉不利的局面，成為生活的強者。

生活中總是會有各式各樣的煩惱，沒有人能夠避開它，有些人甚至會憤怒地找到對方理論、打電話把對方痛罵一頓、警告脅迫對方，或者乾脆以暴力解決問題。有些人還會摔東西、錘牆、踢桌子、大吼大叫、暴跳如雷。由此，情緒的平衡完全被破壞。

但是如果把情緒都憋在心裡，時間長了難免會損害身體，影響工作和生活。所以，當我們的情緒不平衡的時候，應該合理宣洩，疏導心中的怨氣，化憤怒為力量，使自己盡快走出陰影，輕鬆愉快地投入工作。

但並不是人人都會合理宣洩情緒，並非人人都能做情緒的

第 9 章　情緒思考法：1 分鐘冷靜勝過 1 小時爭吵
第三節：所有隱患都來自一個草率的決定

主人。在日常生活中，那種一遇到不開心的事就大吵大鬧、大打出手，或者一蹶不振的人就是證明。

所有的隱患都來自一個草率的決定，這個決定會導致我們情緒和健康的隱患損害。當一個人因為生氣而情緒激動時，整個交感神經系統都會開始運作，造成瞳孔擴大、心跳加快、呼吸急促等等，甚至有人氣得咬牙切齒，全身發抖。人們在這種情況下非常容易意氣用事，最後害人害己，從而造成無法彌補的遺憾。

生活中，很多人總是喜歡對一些無關緊要的小事斤斤計較，甚至有些人會一直忘不了。比如街坊鄰居做了一件讓你們不高興的事，他們就不依不饒，爭吵不休，非要理個水落石出，評個是非曲直，可是結果卻常常是沒理清是非曲直，自己反而被氣得半死。這樣不但傷了和氣，還有損於自己的健康，這種為人處世的態度是很不可取的。

美國醫學專家米勒向 150 名有過心肌梗塞病史的人和 150 名健康人提出了同樣一個問題：「假如服務生不小心將咖啡潑了你一身，電車上有人不小心踩了你一腳，你心愛的衣服突然被人撕破。在上述情形下，你會怎麼辦？」前 150 人中，大多數人的回答都是深感沮喪或者異常憤怒，而健康人大都對此一笑了之。米勒由上面的情況得出了結論：憤怒和緊張容易引起血管內壁收縮和破裂，而且最終還會導致心肌梗塞或者暫時性腦缺血。

Part 3　成為情緒的主人：修練你的脾氣控制力

　　米勒後來這樣呼籲他的同事們，多替患者們開一份「微笑」，這處方是一劑良藥。

　　萬物都是瞬息而變的，不可能每件事都是完美的，更不可能每件事都很順心，不盡如人意的事情總會時有發生。人非聖賢，孰能無過？對日常生活中的一些小事，完全用不著大動肝火。

　　如果你正處於一種憤怒或者是一種激動的心情之中，那麼一件小事可能就會誘導你犯傻。遇到這種情況，更要神志清醒。即使是假裝，也要微笑。因為微笑會創造奇蹟。你剛剛咧開嘴的一刻，腦海裡就會浮現出一些愉快的事，所有器官從準備戰鬥的狀態中獲得解決。感情是很有感染力的，我們一定要相信，憤怒會引來憤怒，而微笑則會回報以微笑。

　　如果你不會恰當地抒發自己的情緒，當有一天這種長期累積的憤怒終於化作一股自憐自嘆時，別人就會遠離你漠視你。這也正是你沒有恰當地抑制或者發洩憤怒所引發的反效果。所以我們不能壓抑自己將所有情緒都藏起來，也不能隨意亂發洩，而要學會適當發洩。

　　一失足成千古恨，再回首已百年身。這句話時刻在提醒著我們應該理智地面對所發生的事情，不要因為一時的衝動而給自己留下終身的悔恨。

　　理智的人在對待不足為道的煩惱時，像對待蜘蛛網一樣將其輕輕拂去，如果你能想得開，就把煩惱當成是生命的浪費

第 9 章　情緒思考法：1 分鐘冷靜勝過 1 小時爭吵
第四節：忍讓的技巧，就是等別人先亮出底牌

吧！無論是在工作還是生活中，遇事要理智而不衝動，這樣做並不容易，但自尋煩惱、衝動報復千萬不可取。只圖一時痛快，不滿是發洩了，卻如同拿別人的錯誤懲罰自己是一個道理。所以，提倡理智，摒棄衝動，讓無聊的挑釁者無生存土壤。

第四節：忍讓的技巧，就是等別人先亮出底牌

　　人和人之間本來就存在著一些不可避免的利益衝突和矛盾，相互之間難免會產生一些誤解和分歧。如果處理不當就會釀成糾紛、衝突和傷害；如果處理得當便能相安無事，重修舊好，化干戈為玉帛。其中的關鍵在於，**雙方要學會必要的忍讓。**

　　忍得一時之氣，免得百日之憂。這句話裡蘊含著無窮的智慧。但是也有些人覺得忍讓是懦弱的表現，因此一旦雙方發生矛盾時，就互不相讓，從爭吵到辱罵，從拳腳相加到兵戎相見。其結果必然是兩敗俱傷，後悔莫及。

　　其實忍讓是一種美德，是理智的表現。當雙方發生矛盾和衝突時，尤其是當個人的人身自由和經濟利益受到損害時，有理智的人會保持清醒的大腦，對自己有克制，耐心地講道理，進行說服和規勸，及時化解矛盾，即使對方仍然蠻不講理，我

Part 3　成為情緒的主人：修練你的脾氣控制力

行我素，也無須惡語相向，更不要輕易採取過激行為，而是理智地忍讓並依靠法律程序解決問題，達到堅持原則、堅持真理的目的。

忍讓不是懦弱膽小，相反，它更需要勇氣和自信。就像宋代愛國詩人陸游，胸懷「上馬擊狂胡，下馬草戰書」的報國壯志，也寫下「『忍』字常須作座銘」這樣的話。這種忍耐，不正凝聚著他頑強、堅韌的高貴品格嗎？

忍讓是一種眼光與度量，能克己忍讓的人，是修養和力量的並存，是雄才大略的表現。君子坦蕩蕩，小人長戚戚，小不忍則亂大謀也。

唐憲宗時期，裴度任中書令的職位。有一天，手下人慌慌張張地跑來報告說他的大印不見了，為官的丟了大印是一件非同小可的事情。可是裴度聽了報告之後一點也不驚慌，只是點頭表示知道了。然後他就告誡身邊的人說：「這件事千萬不要張揚，就當做沒有丟印一樣。」

身邊的人看裴中書並不像他們想像得那般驚慌失措，都感到非常疑惑不解，猜不到裴度心中是怎樣想的。更讓周圍人吃驚的是，裴度就像完全忘掉了丟印的事，當晚竟然在府中大宴賓客，和眾人飲酒取樂，十分逍遙自在。

就在酒至半酣的時候，有人發現大印又被放回原處了。左右手下迫不及待地向裴度報告這一喜訊。裴度依然滿不在乎，好像根本沒有發生過丟印之事一樣。那天晚上，宴飲非常暢

第 9 章　情緒思考法：1 分鐘冷靜勝過 1 小時爭吵
第四節：忍讓的技巧，就是等別人先亮出底牌

快，直到盡興方才散場各自安歇。

裴度的手下始終不能揣測出裴中書為什麼能如此成竹在胸，事後好久，裴度才向大家提到丟印當時的處置情況。他教左右說：「丟印的原由想必是管印的官吏私自拿去用了，恰巧又被你們發現了。這時如果將事情鬧大，偷印的人擔心出事，驚慌之中必定會想到要毀滅證據。如果他真的偷偷把印毀了，印又該從何而找呢？而如今我們處之以緩，不表露出驚慌，這樣也不會讓偷印的人感到驚慌，他在用過之後就會悄悄去放回原處。大印也就不愁不能失而復得，發生什麼意外了。所以我就那樣做了。」

左右手下聽了之後連連稱是。

這樣的應對措施不是誰都能想起來並且做好的，這需要有超人的智慧和寬大的胸懷，但是如果不這樣做，後面的麻煩就會接踵而至，很難收場了。裴度用他自己的忍讓技巧，讓偷印的人先亮出了底牌。

面對一件危急的事，出於本能，我們很多人都會驚慌失措。然而，仔細想想，驚慌失措非但對事情沒有半點幫助，反而會添出很多亂子來。試想，如果鷸蚌相爭之時，讓漁翁得利，那不是對現有的糟糕情況雪上加霜嗎？

所以，在緊急時刻，臨危不亂，處變不驚，以高度的鎮定，冷靜的分析形式，那才是明智之舉。當然，能這樣做的都是那些有豐富經驗和過人智慧的人士。

Part 3　成為情緒的主人：修練你的脾氣控制力

　　中國古代的謀士，大都深知「動」與「靜」的辯證關係。善於透過「以靜制動」的手段來化解矛盾。「靜」不代表不動，在靜的同時，時間在流動，形勢在變化，機會也在轉換。這就如同面對行駛車流的靜止景物，景物雖然靜止，但是它所面對的車輛已經不一樣了。所以，這也是一種「動」。它避免了盲目亂動，而是要儲存實力，不去驚擾敵方，而且可以從流動在面前的情況中抓住所需的機會，甚至有時候機會還會自己找上門來。

　　我們在緊急的情況下，可以把事情往最壞的地方想一下，想一想這件事到底能到什麼地步，這樣想之後，我們就會知道最多不過就是這樣，心中就有了底，因為最壞的結果都已經想過了，也不用再胡思亂想了。然後我們就可以冷靜下來，再想出對策，該動就動，要靜就靜。最後，如果最壞的結果終於來了，也不至於因為太意外而大受刺激，如果最後的結果不是那麼糟糕，就會得到一份意外的驚喜。

　　忍讓是一種美德。為人處世，只能進不能退，只能得到不能失去，吃不了半點虧，受不了半點氣的做法，不僅是不切實際的，也是十分有害的。有的時候，為了集體利益、社會利益、他人利益，個人做出一點讓步，受一些損失，付出一點代價，也是非常必要的。

　　忍讓是一個人的修養和道德高下的表現。古代有句話叫和為貴，人與人之間的相處，應該互相諒解，互相幫助，而絕不

第 9 章　情緒思考法：1 分鐘冷靜勝過 1 小時爭吵
第四節：忍讓的技巧，就是等別人先亮出底牌

能強人所難，勾心鬥角，否則會兩敗俱傷，最終不過是損人不利己。更何況金錢、名利、地位都是身外之物，生不能帶來，死不能帶走。人生短暫，不必計較太多。

忍讓是一種風範，是一種高尚的境界。禮貌的一笑是忍讓，一聲「沒關係」也是忍讓。沒有忍讓，就沒有平靜；沒有忍讓，就沒有和諧；沒有忍讓，就不存在友誼；沒有忍讓，就談不上遠大的理想。

忍讓這種風度不是刻意表現出來的，它源自良好的內心修養，有道德、有學識、能忍讓者方能有風度。心胸狹窄的人，不懂忍讓，根本不可能有讓人嘆服的風度；目光短淺的人，不願退讓，不會以優雅的風度吸引別人；妄自尊大的人，不肯謙讓，也就不可能以謙和的風度贏得好人緣。

面對下屬一個不小心的冒犯行為、朋友一念之差的口無遮攔、路人無意間的衝撞……忍一忍、讓一讓，不等於就讓自己落了下風，失了面子，反而是一種有風度的展現，是一種人格魅力的折射。

在利益面前忍讓可能會讓我們失去一些身外之物；在感情面前忍讓可能會讓我們比對方付出的多一些；在名譽面前忍讓可能會讓我們有所犧牲。忍讓，暫時會讓我們失去一些東西，但是卻會帶來永久的幸福；忍讓可能使我們感到暫時的痛苦，卻不會讓我們有太多的遺憾，忍讓可能會讓我們難過一陣子，卻不會讓我們的心靈永久不能平靜。

Part 3　成為情緒的主人：修練你的脾氣控制力

　　我們每個人都應該將眼光放得長遠一些，讓心胸開闊些。本著一顆寬讓之心，得饒人處且饒人，那樣我們就會發現，小小的讓步就會讓自己獲得的比失去的更多，更幸福。

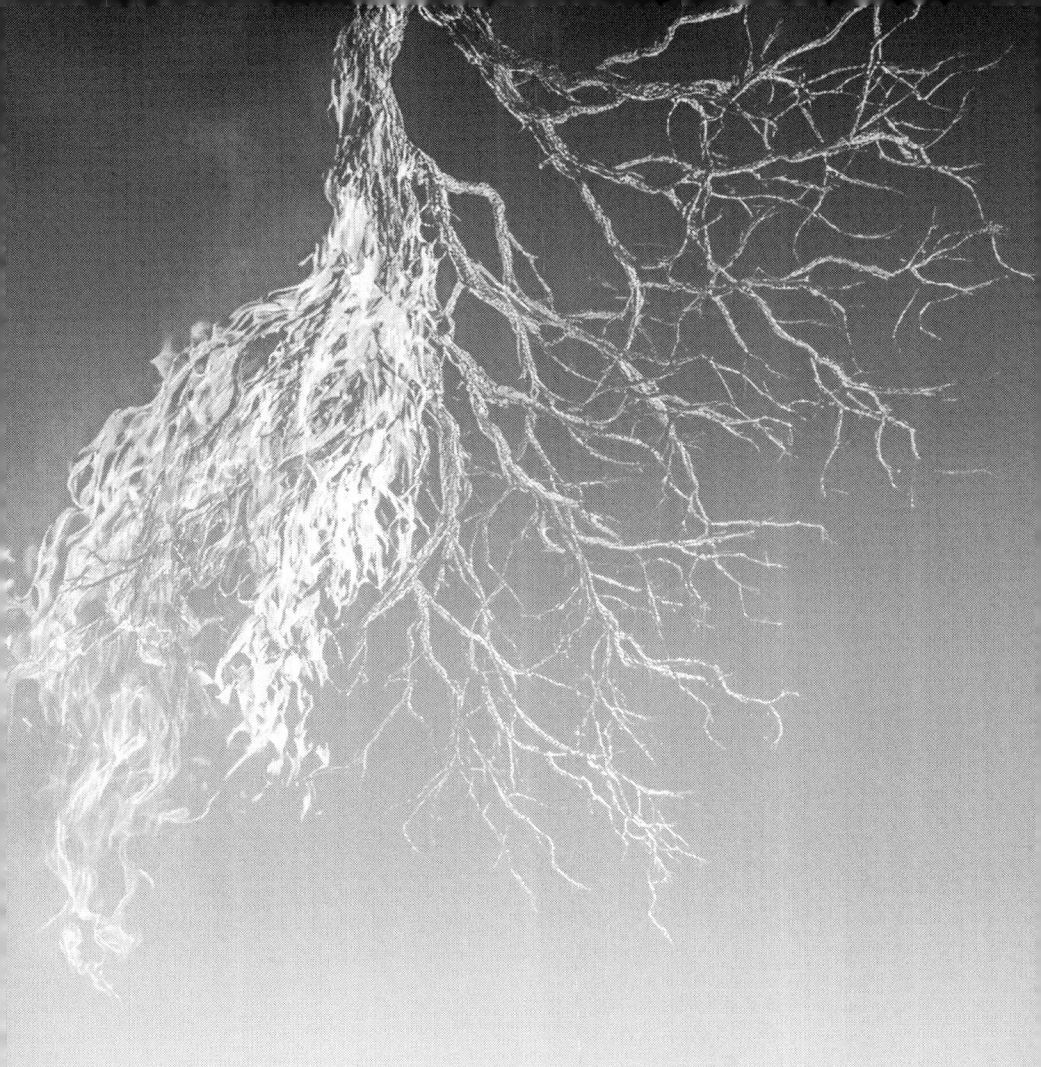

Part 4
平靜心態帶來圓滿人生

# Part 4　平靜心態帶來圓滿人生

第 10 章
放下執念：
做個樂觀豁達的生活玩家

第一節：不刻薄，心平氣和方能溫文爾雅

生活中，常常有人莫名其妙地就能讓你不高興，改為有時還會忍受一些刻薄的話。待人處事既挑剔又無情的人，在言語上就總帶鋸齒。有人說，刻薄可能源於能力不足，也可能源於心胸狹窄，我覺得刻薄源於不幸福，也導致不幸福，這是一個惡性循環。

將以上這些描述用來檢測自己的話，如果你不喜歡誇獎別人，看不慣路邊的一株小草，可能這就意味著你開始不快樂了，越是強者，越是寬厚；越是幸福的人，越能欣賞別人的好。刻薄如壞蘋果，發臭是因為裡面爛了。浮躁、脆弱、狹隘、偏激，然後就刻薄。所謂「宅心仁厚」是可貴，更是高貴，有著大家風範。

刻薄表面上是在攻擊別人，實際上卻是在安慰自己。好像是在將你的「壞」擴大化，其實是適應不了你的「好」。因此，刻薄者其實很可憐，損人不利己，庸人自擾。所以，我們對待

刻薄者更要寬容，對這些人除了憐憫，就是忽略、諒解，然後優雅的微笑著離開。

生活中，我們總是會遇到一個或幾個這樣的人，他們尖酸刻薄，吐槽一切，目中無人。在他們眼裡，其他所有人都像是路邊的油菜花一樣，要安靜地等待他們的去評說每一朵的缺點。

如果你對於他們的吐槽不予回應，他們不但不會收斂，還會越發起勁，如果你微笑著回擊他們，他們只會說，「我個性就是這麼直接，有什麼說什麼，你別介意啊。」可是他們沒有意識到自己其實是在打著「真性情」的名義來給你找麻煩，見不得你好，這些人根本就不是真性情，他們是真刻薄。

他們對自己的生活不滿意，但又懶得透過努力改變現狀，這時他們就把自己偽裝成「真性情」，打著為你好的名義來肆意踐踏你的生活，想要把你同化成和他們一樣的市儈、俗氣且充滿戾氣的人。如果你讓他們得逞了，你就輸了。

什麼才是「真性情」？所謂真性情，一面是對個性和內在精神價值的看重，另一面是對外在功利的看輕。一個人在衡量任何事物的時候，看重的都是它們在自己生活中的意義，而不是它們能給自己帶來多少實際利益。

真性情是一種瀟灑的生活態度，是不以物喜不以己悲的豁達。它不是傷害別人的藉口，更不是口無遮攔的理由。有些人喜歡把自己的快樂建立在別人的痛苦之上，有些人以挑別人的

第 10 章　放下執念：做個樂觀豁達的生活玩家
第一節：不刻薄，心平氣和方能溫文爾雅

刺、說別人閒話為樂趣，可是這又能為你帶來什麼呢？

當你困難的時候，沒有人願意伸出援助之手；當你難過的時候，沒有人願意聽你傾訴；當你被人誤會的時候，沒有人願意幫你說一句公正的話語。這種損人不利己的行為只會帶來別人的敬而遠之，為了逞一時嘴上的痛快而傷了大家的和氣，何必呢？

所以希望大家都可以謹言慎行，不要再把你的刻薄說成真性情。

生活的真諦並不神祕，幸福的泉源大家也都知道，只是常常會忘記罷了，丟掉刻薄，做一個忠厚的人，你會發現前面的路變得更寬。

人世間最寶貴的財富莫過於快樂，如果沒有分享，誰來聆聽你心中的清音？歲月匆匆，誰來領略你眼中的精采？讓獨樂樂變成眾樂樂的祕訣就是心平氣和、待人和善。這樣才能有朋友可溝通交流，也只有和別人交流和分享，我們才能在智慧和情感的分享中不斷地提升與發展。

但是世界上的很多人都只要自己快樂，不管別人死活。殊不知，分享並不意味著失去，獨占也不意味著擁有，萬事萬物都有兩面。

一名農夫請來無相禪師為亡妻超度，禪師超度完之後，農夫向其問道：「禪師，您認為我的妻子能從這次的法事中得到多少功德呢？」無相禪師回答說：「佛法如慈航普度，如日光遍

Part 4　平靜心態帶來圓滿人生

照，不只是你的妻子可以得到功德，一切有情眾生都會從中得益。」

農夫不滿意地說：「我的妻子是非常嬌弱的，其他眾生也許會占她的便宜，把她的功德奪去，能否請您只單獨為她誦經超度就好，不要讓其他眾生得到便宜？」

無相禪師感嘆農夫的自私，但是仍然和顏悅色的開導他：「迴向，有迴事向理、迴因向果、迴小向大的內容，就如一光不是照耀一人，一光可以照耀大眾，天上太陽只有一個，萬物卻皆蒙照耀；種子只有一粒，卻可以生長萬千果實，用你的慈悲之心點燃一根拉住，卻能引燃千千萬萬支蠟燭，使光亮增加百千萬倍，但是本身這支蠟燭，並不會因為點燃了其他蠟燭而減少亮光，如果人人都能抱有如此觀念，那我們微小的自身，常會因千千萬萬的迴向而蒙受很多的功德，何樂而不為呢？」

農夫仍頑固的說：「這個教義很好，但是還是想請禪師破個例，我有一位鄰居，他一向都是欺我、害我，能否將他撇開在一切有情眾生之外？」

無相禪師以嚴厲的口吻說：「即日一切，何有除外？」農夫茫然。

自私、狹隘的小市民心理，在這個農夫身上一表無疑。我們可以理解每個人都希望自己變好，但是如果你容不得別人好或者是容不得別人比你好，那就是自私和狹隘。獨占好處是一種狹隘的心態，它會扭曲你的心理，並最終毀滅自己。因此，我們在與人合作時應當學會分享。

第 10 章　放下執念：做個樂觀豁達的生活玩家
第一節：不刻薄，心平氣和方能溫文爾雅

不刻薄的人才會懂得什麼是分享，真正的分享是一種對緣分的珍重和心靈的豁達。蘋果和梨子之間的交換，是一種互通有無的分享；痛苦和快樂之間的交流，是一種惺惺相惜的分享。有了分享，才有了愛心的傳遞和永恆；有了分享，才有了力量的綿延和蓬勃。這就是分享的魅力所在，也是它的高貴之處。

要想擁有美麗的花海，就必須與人分享美麗，和大家一起共同培植美麗。沒有人分享的生活，注定是一種懲罰，因為沒有人會喜歡寂寞的生活，即使功成名就，正如黃磊〈我想我是海〉唱的：「有誰孤單卻不期盼一個夢想的伴，相依相偎相知，愛得又美又暖，沒人分享，再多的成就都不圓滿，沒人安慰，苦過了還是酸……」

其實人生真正的快樂是奉獻，不是索取，只有懂得奉獻才能真正擁有，才能找到快樂的真諦。

刻薄是一種選擇，也是一種習慣。沒有人願意被刻薄以待，所以我們也要推己及人，自己要控制住自己，不要刻薄地對待別人。很多刻薄是在生氣的時候發生的，而這生氣又往往是從小事上引起來的。

對方可能是有一點小過錯，但即使是在這種情況下，另一方也不該不依不饒，因為那樣只會導致「戰爭」不斷更新。唯一可以避免這種災難性後果的前提條件是：在事情發生後，必須有一方主動做出退讓。我們一定要謹記「兩虎相爭，必有一

Part 4　平靜心態帶來圓滿人生

傷」的道理。

　　在生活中，我們不僅不要對別人刻薄，也不要對自己過於苛求，要有一個清醒而又正確的認知。認為自己遭遇到不公而生氣，不僅影響了自己的身體健康，對事業也十分有害。最好的辦法是以柔克剛，心平氣和地去處理，化悲憤為力量，準備迎接新一輪的挑戰，這樣自然也就沒有時間去生氣了。

第二節：難得糊塗，讓一分風平浪靜

　　鄭板橋早年家貧，透過科舉成為康熙秀才、雍正舉人、乾隆進士。後來曾在山東當了十二年縣令，以愛民如子著稱。為官時因助農勝訴以及辦理賑濟，得罪了豪紳而罷官。

　　鄭板橋在山東任縣令期間，一次遊覽萊州的去峰山時，本想觀賞其山中的鄭文公碑，但因天色已晚，就借宿在山中一茅屋中。

　　茅屋的主人是一位自稱「糊塗老人」的儒雅老翁，屋中還陳列著一方石質細膩、鏤刻精良的桌子般大小的硯臺。第二天早上，老翁請鄭板橋題字，並聲稱要刻於硯背。於是鄭板橋即興題寫了「難得糊塗」四個大字，後面還蓋上了「康熙秀才、雍正舉人、乾隆進士」的方印。

　　見大硯臺尚有餘地，鄭板橋就請老翁寫上一段跋語。老翁便提筆寫道：「得美石難，得頑石尤難，由美石轉入頑石更難。

第 10 章　放下執念：做個樂觀豁達的生活玩家
第二節：難得糊塗，讓一分風平浪靜

美於中，頑於外，藏野人之廬，不入富貴門也。」同時也改了一塊方印，字為「院士第一、鄉試第二、殿試第三」。

鄭板橋見之大驚，方知老翁是一位隱居於深山的高官。由於感慨於「糊塗老人」的命名，鄭板橋又提筆補寫道：「聰明難，糊塗難，由聰明轉入糊塗更難。放一著，退一步，當下心安，非圖後來福報也。」這兩位如遇知音的人由此結為了摯友。

難得糊塗是鄭板橋的名言，也是需要我們仔細揣摩的人生道理。很多事情，能睜一隻眼，就別睜兩隻眼。睜著的那隻眼，統觀全域性，盯著那些對你好的人，也盯著那些對你不好的人，不要算計別人，也不要別別人暗算。閉著的那隻眼就是「得饒人處且饒人」，不要把別人往死裡逼，不要把事情做絕，否則以後可能就會「吃不了兜著走」。

做人要糊塗但是也不能真糊塗，只是聰明地假裝糊塗。萬一你糊塗的那個人是個不懂得知恩圖報的人，還以為你是老實人好欺負，都騎到你頭上了，你還糊塗，這就不對了。糊塗也要有個底線，有個標準，不能糊塗得過了火。

因為有些事情是有肯定答案的，像是否放棄做人的基本準則這種問題自然是不能糊塗的。對於自己應該承擔的責任和義務也不能糊塗，還包括哪些事是違法的，哪些事是合法的。說到底，在帶有根本性的大是大非面前，糊塗不得。

由此看來，「難得糊塗」是一種經歷風霜雨雪的人才能懂得的真諦；這是一種科學、智慧、藝術的處世之道，掌握起來真

不容易，這才是「糊塗」之所以「難得」的原因。

同時，「難得糊塗」也是一種境界，心中有大目標、大理想的人，自然對細枝末節不屑一顧，只著眼大方向，為全域性負責，能做中流砥柱。它還是一種資格和智慧，是屢經世事滄桑之後的成熟和從容。

劉墉說，自己年輕的時候就怕別人不知道自己的水準高，總喜歡學問外露。但是後來他在繪畫中發現大拙便是巧處，大巧便是拙處，有時候沒有必要太過雕琢，否則反而很難陳述自己的第一印象。

這種假裝糊塗與不明事理的真糊塗截然相反，它是人生大徹大悟之後的寧靜心態的表現，是一種很高的精神境界，談笑間淡泊名利和恩怨，把苦難埋在心裡，在夜深人靜遠離人群的海邊對天大笑。

《紅樓夢》中說，世事洞明皆學問，人情練達即文章。這話說出來只需要上嘴唇一碰下嘴唇，但要明白事理，懂得做人的學問，還要應用到處理好各種人際關係就難了。因為在很多情況下，做人的學問只可意會不可言傳。話不三思終有悔，人太精明反為愚。我們既要聰明，又要糊塗，只有掌握好了聰明和糊塗的分寸，才能處理好人際關係和其他生活中的瑣碎事。

人情關係學中，有一條錦囊妙計：以退讓開始，以勝利告終，也就是先表現出以他人的利益為重，實際上同時也為自己的利益開闢出了一條寬敞的大道。在做有風險的事情時，冷靜

第 10 章　放下執念：做個樂觀豁達的生活玩家
第二節：難得糊塗，讓一分風平浪靜

沉著地讓一步，就有可能取得十分好的效果。

　　成功的第一步就是讓自己的利益和意圖絲毫不露，讓對方感到因為你能投其所好而情願做你要他做的事。尊重並突出別人的觀點和利益，這是我們想要與他人合作的最有力的法寶。人們常常不會正確使用這個法寶，因為他們常常忘記了，如果我們過分強調自己的需求，那麼別人即便對此有興趣，也會因為你而改變態度。

　　要想感動別人，就得從知道對方的需求入手。你必須了解，讓一個人做好任何事情，唯一的方法就是讓他自己情願。與此同時，還必須記得，人的需求是各不相同的，每個人都有自己的癖好和偏愛。只要你能認真地探索出對方的真正意向，特別是與你的計畫相關的，你就可以依照他的偏好去說服他。

　　有些被別人所求的人，認為自己幫助了別人，有恩於別人，心理上就會產生一種優越感，說不定還會對求助者數落一番。面對這種人，當你認為自己可能會被指責時，你不妨先數落自己一番，當對方發覺你已經承認錯誤時，也就不好意思再指責你了，這也是一種退讓的藝術。

　　以退為進是聰明人常用的一種方法，「退」並不是一味的忍讓；「進」更不能不假思索，急躁冒進。必須切記：退應有底線，進要有節制。至於「底線」和「節制」的程度在哪則是因事而異的，需要我們靈活地判斷和處理。抓住以退為進的最佳機會，果斷出手，絕不能拖泥帶水。

Part 4　平靜心態帶來圓滿人生

一個聰明人會在怒火中燒的時候選擇讓步，這種讓步是表面上做出讓步，實際上卻暗中進了一步。

喬治‧伯恩斯是世界著名滑稽演員，一次，他在表演時說：「我住的旅館，房間又小又矮，連老鼠都是駝背的。」當時那個旅館老闆認為伯恩斯詆毀了旅館的聲譽，非常生氣，還說要去控告他。這時，伯恩斯想到一種兩全其美的辦法，既能堅持自己的看法，又可以避免不必要的麻煩。

於是他在電視臺發表了一個宣告，向對方道歉：「我曾經說過，我住的旅館房間裡的老鼠都是駝背的，這句話說錯了。我現在鄭重更正一下：那裡沒有一隻駝背的老鼠。」

伯恩斯用這樣的道歉說法，表面上是在對自己以前說的話進行更正，實質上卻還是在批評那間旅館的衛生情況，諷刺程度反而比以前更深了，而且還堅持了以前的看法。這種方法可以以假掩真，虛實不定，令對手難以捉摸，感到防不勝防，而且在表面上看來是退，但實際上是以退為進的高超技術和策略。

學會忍讓，你才能知足常樂，才能不經常為一些小事而生氣傷神。人生是短暫的，不要因為一些微不足道的小事而耿耿於懷，這是非常不值得的。

第10章　放下執念：做個樂觀豁達的生活玩家
第三節：保持平常心，方得「大自在」

第三節：保持平常心，方得「大自在」

有時候想想，人也滿悲哀的，幾十年忙忙碌碌，卻經常是為了照顧別人的感受而去做一些事，說一些話，因而常常感到心口不一，顧此失彼，疲累不已。有一天恍然大悟：應該為自己而活，或者只做自己願意做的事情。只可惜此時，錯過的已經無法再重新來過；未來的，竭盡全力想要抓住，卻發現已是十指空空。

很多人在年輕的時候曾把自己那顆脆弱又敏感的心看得重過一切，為一件小事可能會記恨許久，為一點挫折就會自責不已。年紀漸長後，也許是因為閱歷逐漸豐富，也許是因為心胸日益開闊，曾經的脆弱已經被打磨得堅硬起來，有了一種泰山崩於前而面不改色心不跳的沉穩，這就是擁有了一顆平常心。

人和人是不一樣的，有些人在失敗的時候，仍然能看到未來的希望，而有些人卻倒在失敗的陰影裡，再也沒有起來。一般人在年輕的時候，渴望成功而信心百倍，可是到年老時卻心灰意冷，放馬南山。

對大自然來說，本就沒有歸於平淡的說法，更沒有高潮谷底之談，它就是那樣自然而然地存在著，山野裡的小花們無所謂人類欣不欣賞它們，總是那樣自然的開放、自然的枯萎，年復一年皆如此。可是我們人類呢？為何總是陷入自己欲望的陷阱裡，逃不出來呢？

Part 4　平靜心態帶來圓滿人生

　　在喧囂浮躁的世界裡，因為太多的糾纏和羈絆，使得我們最初平和的心，飽受世事的碾壓。如果心胸寬廣，就足以承受任何過錯得失，也足以抵擋住任何是非恩怨。即使身處鬧市，也有心情去看天高雲淡、望烏雲密布，任爾東西南北風，我自巋然不動。

　　保持一顆平常心，實際上就是在外部世界和內心中找到一個平衡點。有了這種平衡，悲歡離合都能在心裡自行消化，人就會少一些焦慮和浮躁，多一份舒適安逸，這才是我們想要的真實而快樂的人生。

　　要是能把在世上發生的所有苦難都看成是正常的，你就不會難過、不會哀傷。平常心看人間，心能安止，只有平常心，心才能安定，才能停止煩惱的運作。常懷一顆平常心，不是消極等待，而是一種歷經繁華的簡單，看盡世態的恬淡，一種平常冷靜對待人生得失的大氣魄，一種詩意盎然的精神家園。

　　平常二字說起來容易，但是要想真正能夠瀟灑自如的做到，就不那麼容易了。面對繁花似錦的人生誘惑，想當官的必然要鑽營，想發財的必然要冒險，想成仙的必然要念佛，想陶醉的必然要貪杯。有了這樣種種想法，就必然要為此四處奔波或日夜思慮，勞心勞力的消耗生命和時光。

　　如果經過了一番努力，如願以償地得到了想要的東西，也許會有一時的消停，如果得不到，就會自己跟自己過不去，像煞車壞了的車，一直不停的折騰。

第 10 章　放下執念：做個樂觀豁達的生活玩家
第三節：保持平常心，方得「大自在」

常懷一顆平常心，就可以清心寡欲、淡泊名利，將一切有損身心健康的因素都消滅在萌芽狀態。一切都在平平常常之間，而不去刻意追求什麼。有學問不擺架子，在高處不耍威風，處於谷底不消極氣餒，一帆風順不得意忘形。

不為名所累，不為閒言碎語所擾，樸實大方、自然從容，不論風吹雨打，仍舊閒庭信步。

平常心是一種知足常樂的人生智慧。老子曰：「禍莫大於不知足，咎莫大於欲得。」在競爭激烈、強手如林的現代社會，都市人為了生活，日夜奔波，面臨來自於各個方面的壓力，多數人常處於「樂不常」和「常不樂」這兩種狀態。

我們的許多壓力都來自於過高地要求自己，事事與他人比較，結果越比越有壓力，越比越不知足，不是自我懷疑就是鋌而走險，陷入痛苦的深淵無法自拔。

知足常樂其實是要在無限的欲望和有限的能力之間找到一種平衡，避免因為眼光過高而能力不足而造成不必要的壓力。可以說，知足是一種追悔，常樂是一種境界。俗話說，知人者智，自知者明。只有客觀地看待自己的優缺點，才能真正當明白人，做明白事，掌握好自己的心情，主宰自己的命運。

常懷平常心是一種坦然自若的生活方式。人生的道路坎坷曲折，成功與失敗、幸運與挫折就像一對孿生兄弟，時常在不經意間敲響你的門。我們要學會用辯證的思維看待生活，以豁達的態度直面人生，既要勇於爭取，也要善於放棄。

Part 4　平靜心態帶來圓滿人生

在幸運面前不要忘記憂患意識,在困境中尋找解決辦法,順其自然、寬懷處世,在承受生命不幸的過程中贏得感受和超脫。平常心是在遭受挫折時仍能與花相悅的一份從容淡定和悠然自得。

如果我們有點小事就大發脾氣,對方也無法得到懲罰,甚至結果還可能適得其反。如果我們生氣就大哭一場,只會把自己的眼睛哭腫;如果我們喝酒,只會傷害自己的身體;如果我們瘋狂購物,也只是在揮霍自己的錢財。這些其實都是在懲罰自己。

回頭想想,人生在世就這麼幾十年,我們怎麼能讓生氣來占據自己的時間和精力呢?生命的完整在於寬恕、容忍、等待和愛,如果沒有這一切,即使你擁有了一切,也是虛無。

我們要學著擁有平常心,擁有了平常心就會擁有一個豁達的人生,它能接受八面來風,不拘泥於小川,不徘徊窄巷,任狂風驟浪,仍天高地廣。只有這樣的人生才具有像大海一樣的寬廣胸懷,不會再因為生活中一些無謂的瑣事而斤斤計較;也不會再因為生活中幾句逆耳的言辭而耿耿於懷,就能站在人生另一個高度上去看待和審視周圍的人和事。

生活需要磨練,人生總是要經歷風吹雨打的洗禮和恩怨情仇的勞心。人生的幸福,本來就建立在對人生的信念上,不必出眾,但須出力。

用一顆平常心去面對生活,經得起波瀾起伏,忘記不愉快

第 10 章　放下執念：做個樂觀豁達的生活玩家
第四節：不在意別人的評價，才能保持初心

的過去，改善現在，人生的意義恰恰就是在旅途中認知，而不在於自我認知的結局裡，生命以一種自強不息的形態在前進，真正的認識自己，是在路上。

我們的內心世界需要一種寬容，在哪裡放下，在哪裡原諒，能不能把煩惱看淡，需要面對內心的薄弱，一點一滴都關乎於自己對人生的認知，人生真正的自尊，來自於內心世界的問心無愧和寧靜。

第四節：不在意別人的評價，才能保持初心

日本電影《令人討厭的松子的一生》裡，女主角松子不斷地重複著相同的人生道路：不顧一切地付出愛，被虐待，被拋棄。

小時候，由於家人把精力都放在體弱多病的妹妹身上，讓松子覺得自己被忽視了。為了博得父親的關愛，松子去馬戲團學會了做鬼臉，終於贏得了父親對她的一個笑容。從那一刻開始，松子就產生了這樣的感覺：我要透過付出和討好，才能贏得你的注意。

從父親身上得不到愛與認可，這在松子幼小的心裡留下了傷口，在她成長的過程中，傷口不僅沒有得到修復，反而進一步惡化。她心裡認定自己不值得被愛，也沒有存在的意義，只有透過犧牲自己，才能獲得別人的關愛。帶著這樣的想法，她

Part 4　平靜心態帶來圓滿人生

踏進了一段又一段糟糕的感情關係。

她在內心裡無法認同自己，只能依附於他人，乞求從別人身上得到肯定。結果，她接連遭受打擊，直到最後慘死於壞學生的棍棒之下。

松子用自己的身體，活出了別人的人生，她將自己當成一扇門，喜怒哀樂的鑰匙通通交給別人，完全失去了自我。電影是誇張了現實的藝術，松子也許就在我們身邊，要不然為什麼這部電影會引起那麼多影迷的深切共鳴？但我們如果真的繼續放縱自己在意別人的評價，那才會真正像松子一樣迷失在人生旅途中。

不被他人的評價打垮，你才能成功。

2017年夏天，中國綜藝節目《我們相愛吧》其中有一集，潘瑋柏對吳昕說起他出道後碰到的挫折。當時還是DJ的潘瑋柏要發唱片，很多觀眾反應說：「潘瑋柏先生，請你不要每天談你的唱片夢，你去馬桶裡，看看馬桶裡的水，看看你長得是什麼德性。」

唱片發行之後，他的公司也頻頻接到投訴：「你們幹嘛發潘瑋柏，他又不行。」

2011年，潘瑋柏奪得金鐘獎影帝，媒體卻一片喝倒彩的聲音。

2014年小巨蛋演唱會，他在舞臺上不慎發生意外，導致頭部大量出血，輿論普遍認為，他的演藝生涯要就此止步了。

第 10 章　放下執念：做個樂觀豁達的生活玩家
第四節：不在意別人的評價，才能保持初心

這些年，潘瑋柏經歷的輿論風雨鋪天蓋地、絡繹不絕，但是，他不但沒有被別人的評論壓垮，反而在娛樂圈闖出了自己的一片天地。如今的他步伐沉穩，信念篤定。

他對吳昕說：「太多人跟我說，潘瑋柏你不行，你做不到，但我證明給你看，我可以。別人不認跟我沒關係，我就是寫，我就是唱。」

他在歌中唱，殺不死我，只會讓我更堅強。對於別人的否定，他只是輕描淡寫地說，沒關係。他的人生重心永遠在自己身上。所以他堅持創作，發行十一張專輯；堅持鍛鍊，身體狀態良好；堅持推廣嘻哈文化，開始擔任節目製作人。

娛樂圈風雲變幻，新人層出不窮，有些人曾紅極一時，卻不堪輿論的壓力就此沉寂。有些人在輿論中迷失了自己，再也找不回初心。幸好，潘瑋柏實現了漂亮的反轉。

種種負面評價對潘瑋柏而言不是壓在心上的大石頭，而是腳下的雲梯，讓他一步步向著人生的更高處走去。

大量研究分析證明，很多人在童年時期，總是被父母要求成為他們所期待的樣子。我們從來沒有學習如何建立內在對自己的評價。小時候與父母的相處模式，對一個人一生中的生活認知、思維模式具有至關重要的作用。由於沒有透過父母得到全部接納，我們心裡總想往父母期待的方向努力，害怕被拋棄，被忽略。

無形中，我們無法從內心獲得支持，只能不得已把重心向

Part 4　平靜心態帶來圓滿人生

外移，試圖從外界尋求認同和力量。久而久之，我們的內心深處就更加沒有接納自己的空間。

很多人會認為一切都是原生家庭的錯，但是這只是其中一個因素，不該讓它承擔所有的責任。並且事情的重點在於我們要了解到自己的處境，並且想辦法去改善自己的情況，讓自己變得更好，而不是要去歸罪於生我養我的父母。

要讓自己關注的重心從外界回歸到自己本身，首先，我們要做到的就是接納全部的自己。當別人的評價讓我們感到難受，負面情緒爆發的時候，我們的本能反應是壓抑或者宣洩。可其實這兩種方式對我們來說都毫無益處，情緒沒有得到有效釋放，心結打不開，重心仍然停留在別人身上。

正確的做法應該是，當我們體內出現某種情緒的時候，充分地去感受它，安靜地任由它在我的身體裡流動。我知道它來了，也知道它走了。這樣當衝突事件引發情緒時，我們遵從發覺、觀察、接受、放下的過程，可以讓我們清楚地看到情緒起伏的脈絡，由此將重心移回到自己的身上。

然後，我們要勇於為自己承擔責任，願意承擔自己行為帶給自我的後果，並且本著自知、自愛、自尊的原則，選擇合適的行為來對待自己。要承認，我們的生活過得糟糕，並不是別人造成的，而是我們自己，承認它、改變它。

所有在你身上發生的事情實際上都是經過了你的允許的，沒有偶然。正是因為你允許別人的意志凌駕在你自己之上，你

第 10 章　放下執念：做個樂觀豁達的生活玩家
第四節：不在意別人的評價，才能保持初心

習慣了忽視自己，把別人的觀點放在第一位，把自尊和肯定抽離，因而導致了自己的人生出現困擾。

我們自己的人生由我們自己做主，無論你的決定有沒有得到別人的理解，他的觀點和我們沒有任何關係。這時再去想你曾經不敢去做某件事的理由竟然是別人會笑話你、指責你，這是不是很可笑？

最後，我們要培養足夠的勇氣，在別人評判自己的時候，對他說：「我知道那不是真實的我，我也無需為你改變。」我們對自己有了足夠的關愛，自然就會有力量放下別人對我們的評價，甚至是也放下我們自己對自己的評價。

不要為了外界的苛刻自憐自怨，將力量聚集到自己身上的關鍵，允許一切就是它本來的樣子，這才是對自己最真切的關愛。

醫學博士羅伊・馬丁納說：「我生命裡最大的突破之一，就是我不再為別人對我的看法而擔憂。此後，我真的能自由地去做我認為對自己最好的事。只有在我們不需要外來的讚許時，才會變得自由。」

只有我們自己才是我們人生的主角，我的日子是自己過的，困難是自己度的，快樂是自己享的。很多人忘記了這一點，不斷的在別人身上尋找認同，殊不知，只有不在意別人的評價，才能永遠保持一顆初心。

Part 4　平靜心態帶來圓滿人生

第 11 章
清空雜念：心靜才能自在如風

第一節：清除情緒垃圾，從「心」解脫自己

痛苦來自於比較，煩惱來自於過分的欲望。心中的欲望越多，計較也就越多，計較變多，煩惱自然也就更多。我們要學會讓身體和心理減負，定時清除頭腦和心靈中的垃圾，這樣才能將自己從紛繁複雜的煩憂中解脫出來。

最近我家隔壁搬來了一個新鄰居，是一個老人。大家私底下都說，她曾經腰纏萬貫，家族企業名揚四海。可是商場如戰場，瞬息之間形勢千變萬化。如今企業已經沒落，她丈夫不甘心過平淡日子，如今仍在外面繼續奮鬥，想要東山再起，於是兩人常年分居。

老人獨自回到這個小城市，和一隻小狗一起過著簡單的生活。每天早上拉著小車去菜市場買菜，午後到公園裡坐著晒晒陽光，晚上和附近的婦女一起跳跳廣場舞，臉上隨時隨地都帶著笑容。

剛聽說的時候，大家覺得她從巔峰跌落到了谷底，心中一定憂鬱難平，所以也有好心人想去安慰她幾句。沒想到她卻笑

Part 4　平靜心態帶來圓滿人生

著反過來安慰別人：「想開點，沒有什麼是過不去的。」我以為那是無可奈何的敷衍，直到我也經歷了一些生活的顛簸之後，再重新想到這句話，才感受到它裡面蘊藏的智慧。

老人經歷過，懂得了不再執著於結局，執著只會讓你的生活過成解不開的死結。

煩惱是存在我們心靈上的情緒垃圾，在它面前，我們需要擺正心態，只有我們活得夠通透才會明白，很多問題不過是源於自己「想得太多」。想開了，放下了，很多事情也就迎刃而解了，是時候替心靈做個按摩，放鬆一下了。

只有情除了心裡的垃圾，我們才能騰出地方將新的東西放進去，只有放下了，才能承擔。總是在思考過去的無意義的問題，就會導致注意力不能集中，沒辦法專注做事；總是和以前的人與事過不去，就會導致不能更好的把握當下，繼續前行。

只有放下了，才能更好地拿起來，身上背負著那些沉重的東西，就注定走不遠。只有想開點，放下那些苦惱紛擾，才能真正做到自我解脫，從精神上輕裝上陣。不提「何必當初」，不念「追悔莫及」。

人生苦短，活著的時候將每一分鐘都過得快樂精采才是對生命最大的尊重。人生浮沉，世事難測，當知得失隨緣，鹹淡由之。那些我們既拿不起又放不下的事，若干年之後想起來，發現也不過是雞毛蒜皮罷了。

煩惱其實並不是來自外界，而是來自我們的內心，心不

第 11 章　清空雜念：心靜才能自在如風
第一節：清除情緒垃圾，從「心」解脫自己

定，總是吃著碗裡的望著鍋裡的，煩惱自然會隨之而起，絡繹不絕。什麼事都要追求完美的人最容易陷入煩惱的漩渦中。我們都是普通人，不可能做到能完全消滅內心的欲望，也自然不能期望將煩惱全部消除。

但是我們可以做到盡量向聖人去靠攏，不能全部消除，那盡量減少也是好的。莊子就是個有大智慧的人，他的大智慧在於能夠將人內心最隱蔽的欲望消除。人生就像一排階梯，人往高處走是再正常不過的事，但是莊子卻偏偏反其道而行之。當時世人為了自己內心的欲望拚命向上擠的時候，莊子卻從容地放下一個又一個欲望的包袱，將名利、權勢都扔下，越走越輕，這是歸零的藝術。

我們都覺得「杞人憂天」這個故事中的杞子非常可笑，可是我們在笑的時候沒有意識到，我們在面對煩惱的時候其實就是另一個杞子，是我們自己笑話的那個對象。我們日常為之愁眉不展的所謂的煩惱，大多數都是自尋煩惱。很多人都會為還沒有發生的事情感到煩惱，並為此付出大量時間和精力，難怪有人說：「一生中煩惱太多，但大部分擔憂的事情卻從來沒有發生過。」

我們要清除情緒垃圾和煩惱，但是也要明白，煩惱是沒有辦法全部去除掉的，去不掉的就看淡一點。不求圓滿，只求盡心；不求十分，只求盡力。

生死面前無大事。莊子連我們眼中的生死大事也看淡了。

Part 4　平靜心態帶來圓滿人生

莊子即將過世時，他的弟子想要厚葬他。莊子卻認為「吾以天地為棺槨，以日月為連璧，星辰為珠璣，萬物為賚送。吾葬具豈不備邪？」弟子怕莊子死後屍體被鳥獸破壞，莊子卻說：「在上為烏鳶食，在下為螻蟻食，奪彼與此，何其偏也？」

身外之物生不帶來死不帶走，數十載的時光已經是上蒼給我們最好的禮物了，又何必要求更多呢？錢鍾書妻子楊絳在解答讀者的困惑時曾經說過：「你的問題主要是讀書不多而想的太多。」今天我們的煩惱也正是因為想的太多，做的太少。

做的少想的多就容易在內心累積各種複雜的情緒，將腦海中每件事情所產生的情緒都留下來自然形成煩惱。在浮躁成為社會風氣的今天，我們更習慣將一切都集中到嘴上而不是腿上。

清除情緒垃圾的第一步就是停止無意義的思考，停止累積壞情緒，再將已有的情緒疏解開，這是解放自己的一個正確步驟。

你可能總是會覺得煩惱總是圍繞著你一個人，身邊的其他人過得都比你開心，但其實你所遇到的人和事都是你吸引過來的。如果你總是憂愁很多事情，包括已經過去的和改變不了的，那麼你就很容易吸引更加讓你煩惱的人和事。相反，一個開心的人，他對於煩惱就會有一種天然的抵抗力。

也許突然的某個時刻，痛苦會侵襲我們的內心，面對突如其來的失敗，接納自己的人，會直接開始新的征程，而挫敗感強烈的人卻會停滯不前，在摔倒的原地打滾耍賴，從此一蹶

第 11 章　清空雜念：心靜才能自在如風
第一節：清除情緒垃圾，從「心」解脫自己

不振。其實我們不妨試著看清楚自己的優勢和劣勢，與自己的不足和諧相處，一開始會比較困擾，但是後來應該就會有所改善。快樂的人創造快樂的世界，不快樂的人造成別人的痛苦。

所以，清除情緒垃圾，不僅僅只是你一個人的事，它還關係到你身邊的人。

清除情緒垃圾是長大後的成熟做法，成長是一瞬間的事，我們卻要用一輩子去承擔。你將哭聲調成靜音的時候，也許就是你意識到哭並不能解決問題了吧？如果你過了任性的年齡，那麼請你務必負起責任。

當有一天，你發現成長比成功對你來說更加重要了，你就會去慢慢衡量著過去事情的處理方式了，你會知道，沉溺於失敗的情緒中沒有任何用處，不會再有人因為你的耍賴而就此退步，社會不是你的父母，也不會做你情緒的垃圾桶。

朱元璋失意時也曾在街上要飯，偉大畫家梵谷也曾在暗室裡對著失敗的畫像傷心欲絕，可是，後來的朱元璋從一個小兵，做到了開國皇帝；梵谷死後的幾十年，〈向日葵〉和〈星夜〉都閃耀在醫術的原野上。只要你沒有停留在失敗情緒的泥沼中，爬起來，向前走，終究天無絕人之路。

心不得解脫，你的一切都在被束縛著。即使可以僥倖邁步，也不過是帶著腳鐐跳舞。而真正得到釋放、得到自由的方式就是別讓情緒主宰了你，別掉進它的陷阱，做它的主人，並定期將腐壞的情緒給清除出你的內心。

第二節：學會忘記是一種人生境界

有醫學研究顯示，人在正常情況下，腦細胞每天大約會死亡十萬個，如果受到外界的強烈刺激，大腦每天死亡的細胞就要增加幾十倍，而遺忘可以減輕大腦的負擔，降低細胞的消耗。一個人如果把所有的事情都記得清清楚楚，大腦裡充滿了各式各樣的記憶，各種資訊在腦海中，給予大腦強烈的刺激，這樣會導致思維混亂、神經衰弱，對身心傷害非常大。

相反，如果我們將那些蠅營狗苟與細枝末節都忘掉，只將美好的留下，就能減輕大腦的負擔，減少腦細胞的死亡，這樣有益於大腦和整個身心的健康。

我們如果把那些得到的、失去的、感到委屈的事情都記在心裡，讓早已經過去的傷心事、煩惱事、無聊事永遠縈繞於腦海中，在心裡烙下永不退色的印記，就等於背上了沉重的包袱和無形的枷鎖，就會活得很苦很累，以至於精神萎靡，心力交瘁，生命的小船就會在大海中迷航，甚至有翻船的危險。而這時的遺忘，就成為了一種解脫，一種寬慰，一種對自我的昇華。

我們的生命旅程中，不斷地有人加入，陪你走一段，也不斷地有人離開，有人被我們記住或者遺忘。到人生的某個階段，人們總要去回憶自己的過去。

我們大多數人的一生都是平凡而又真實的，從幼兒時期的

第 11 章　清空雜念：心靜才能自在如風
第二節：學會忘記是一種人生境界

天真爛漫到少兒時期的清純活潑，從青年時期的勤奮好學到中年時期的肩負重任，從壯年時期的穩重老練到老年時期的淡泊明遠。

這漫長又短暫的幾十年歲月中，總有幾件不幸事件或者一些仇恨問題，我們對這些事情還是「遺忘」為好。遺忘是人類保護自己的唯一盾牌。人們只有忘記某些創傷，忘記某些失望，忘記某些背叛，忘記某些不幸，將這些不好的東西用遺忘的盾牌抵擋在外，才能快樂幸福地生活下去。

如果被那些過往的失敗經歷、悲慘情緒所包圍，整天都在負面情緒之中，看不到一點光明和希望，怎麼能夠舒心地生活呢？又怎麼能夠保障身心健康呢？長期的不愉快自然會造成心情鬱悶，導致生命的衰竭。所以說，遺忘也是一種本能，它是繁雜世界和現實社會留給人們可以頑強生存的最後本能。

應該記住的，要記得清清楚楚，留一份念想；應該忘記的，儘早忘記，不讓自己增添苦惱。如果一個人的腦海中整天胡思亂想，把沒有價值的東西也存在裡面，那他就自然會感到前途渺茫，人生有很多不順。

我們只有對頭腦中儲存的東西，及時清理，把該留的留下來，把不該留的毫不猶豫的拋棄掉，這樣才能過得灑脫一些。那些給人帶來很多方面不利的因素，實在沒有必要過了若干年還耿耿於懷。

在社會中，你如果想要得到別人的尊重，你必須要先學會

Part 4　平靜心態帶來圓滿人生

尊重別人，多記住別人的優點，學會忘記別人的過失。另外，一個人要學會遺忘自己的成績，有些人稍微有了一些成績就開始驕傲，這顯然是造成失敗的一個重要原因。成績只是過去，要永遠虛懷若谷，求知若渴，這樣才能跨越人生新的境界。

我們要善於遺忘，運用理智篩掉自己思想上的雜質，將真情實感保留下來，它會教你陶冶情操。只有善於遺忘，才能更好地保留人生。

一生不過數十載，脆弱的生命承受不了太多的負荷，要學會忘記，忘記不屬於自己的一切。無論風景有多美，我們只能做短暫的欣賞。忘記投入卻不能收穫的愛情，忘記花開花落的煩惱，忘記夕陽易逝的嘆息。

對所有的事情都不要去刻意的追求，不然將會難以跳出患得患失的循環。人生要昇華出安靜超然的精神，懂得放棄，學會忘記，也就收穫了幸福。世上沒有不平的事，只有不平的心，淡然一切，往事如煙，忘記吧，雖然很難。

樂於忘記是一種心理平衡，需要坦誠地面對生活和自己。有些人能夠忘記曾經的尷尬和窘迫，但是卻對順境時的得意津津樂道，殊不知成功和失敗一樣會留在過去，拿昨日黃花當眼前美景就會陷入虛妄之中，容易不思進取，裹足不前。

反覆咀嚼過去的痛苦，總是一臉苦大仇深就更不足取了。「如果你為失去太陽而哭泣，你也將失去星星。」泰戈爾如是說。為陳芝麻爛穀子耿耿於懷，只怕心靈的船承載不下，讓痛

第 11 章　清空雜念：心靜才能自在如風
第二節：學會忘記是一種人生境界

苦的過去牽制住未來。老是念念不忘別人的壞處，實際上深受其害的是自己，既往不咎的人才是輕鬆快樂的。

我們最該忘記的有兩個方面：一是要忘記你曾經幫助過的人，你有恩於誰，不要整天想著誰欠了你的情，然後期盼他人知恩圖報；二是要忘記誰曾經傷害過你，不能整天想著誰對不起你，期盼著他人遭到報應。這兩點對每個人來說都是大的原則，不能違背，這樣才能有一個輕鬆愉快的心情，健康向上的心態。

除了上面說的這兩方面，人們需要忘記的事情還有很多，煩惱、憂愁、悲傷，事業上的不如意，生活上的不順心，諸如此類，不勝列舉。人要做到忘記實際上是不太容易的，要在忘記和不忘記的抉擇中，潛移默化，勵志修身，養成浩然正氣，樹立忘記恆心，這樣才能做到忘記，實現人生的昇華。

中國古代有個姓孫的人，他的獨生子死了，但是他卻一點也不憂傷，仍然每天飲酒作詩，快樂自在。有人不解地問道：「你的愛子死了，永遠也見不到了，你難道一點也不悲傷嗎？」他回答說：「我本來沒有兒子，後來生了兒子，現在兒子死了，不是和我從前沒有兒子時一樣嗎？我又有什麼可悲傷的呢？」

人生無常，自然開通的的人能夠看破事物的表象，化解險境和憂愁。一般凡夫俗子卻總是被世間煩惱憂愁困住不能自拔。在紛繁塵世中，看破名利、得失，放下執著，活得自在，死得也安然。

Part 4　平靜心態帶來圓滿人生

我們從虛無中走來，最終將走向虛無去，結果就是四大皆空，所以沒有什麼想不開的事，也沒有什麼放不下的事物。而且，人生的快樂這麼少，時間又是這麼短，苦難這麼多，憂愁也很多，為什麼還要將自己綁在世俗的小事中呢？

將世間事看到底的人都懂得遺忘，進而會獲得自由和解脫，從斤斤計較的小圈子裡走出來，不在小事上浪費自己。人生豁達了，心智也就自然不會再勞累，不會活得那麼拘謹和痛苦。小事不會給他帶來煩惱，不愉快的經歷也無法讓他怨聲載道。

懂得忘記的人能體諒他人，理解人生。歡樂的時候能放浪形骸，遇到挫折能順其自然，做事的時候能專心致志，忘情的時候能忘乎所以。

種子選擇暫時忘記鳥語花香，進入黑暗潮溼的土壤，只為實現和銘記那次破土而出的希望；流星選擇忘記永恆的閃爍，劃過天際，只為銘記那次璀璨，美得令人屏息的瞬間燃燒；曇花選擇忘記陽光下燦爛的綻放，曇時一現，只為了展現和銘記讓黑夜也感受到花的溫存。忘記是一種美麗，學會忘記，我們會達到另一種人生境界。

第 11 章　清空雜念：心靜才能自在如風
第三節：珍惜該記住的，忘記該忘記的

第三節：珍惜該記住的，忘記該忘記的

　　人生像是一場長途旅行，其間總會經歷許多坎坷，遇到許多不如意，但是我們要常常提醒自己，過去的已經過去了，時光不可能倒流，除了吸取經驗和教訓以外，不要對傷害過自己的人耿耿於懷，要學會淡忘、遺忘，否則最後受苦的只有自己。

　　忘記恩怨情仇，說著容易做起來難，因為這需要有一顆無比寬容的心和一個寬廣的胸懷。人生苦短莫記恨，感恩之餘施善心。我們應該學會忘記痛苦、銘記恩情。當被別人欺負、誤會之後，我們應該仰望碧海藍天，傷痕留給自己。對於恩情，我們應當銘記一生，而且要知恩圖報，回饋他人。

　　忘記是一種昇華後的境界，是一種平和的心態，更是一種高尚的品格。因為能既往不咎寬恕別人的人才是快樂的。忘記與銘記是一對親密的攣生兄弟，兩者不可偏取其一，否則必遭極端之苦，受偏廢之痛。無論我們從事什麼職業，只要我們學會忘記那些該忘記的人和事，珍惜該記住的，讓溫暖明媚的陽光灑滿心田，就能走出患得患失的循環，感受生命的美好。

　　有人說人生就像一顆青橄欖，細細咀嚼與品味，會發現它既有清泉般的甘醇，也有難以訴說的苦澀。還怎樣去坦然面對這矛盾呢？佛家認為，學會忘卻，是一種有效的處世方略。我們天生擁有記憶和忘卻的能力，我們常常抱怨自己太容易忘

Part 4　平靜心態帶來圓滿人生

記，其實過目不忘、博聞強記固然好，但是忘記卻不見得絕對不好。

假如生命沒有忘記這項自衛本能，我們怎樣正常地過生活，世上還怎麼會有勇敢、快樂和幸福？人如果要把所有的事情都記住，那他即便沒有累死，也得發瘋。

有一個非常勤奮的年輕人，他儀表堂堂、德才兼備，還是個真正的謙謙君子。但是有一次，他在上山砍柴的時候不慎從山崖上摔下來，將一隻手臂給摔斷了，但是好在撿回了一條命。從那之後，他就覺得自己總是低人一等。看到別人生龍活虎的狀態，他就抬不起頭來。

為了戰勝身體上的缺陷，他決定在頭腦上武裝自己，他開始發憤讀書，常常讀到物我兩忘，廢寢忘食，但是，一旦放下書，那種極端的痛苦和自卑感就又向他襲來。

聽說山上有一位得道高僧，看透世間事，懂得非常多的道理，於是年輕人慕名前來。高僧接待了他，年輕人向他傾訴了自己的苦惱，然後把那隻空著的袖子轉向高僧，說道：「您看，這就是折磨我多年的缺陷。」高僧微笑著對年輕人說：「什麼缺陷？你的袖管裡什麼都沒有。」

在遇到挫折之後有些沮喪是正常的表現，可是我們不能一直沉浸在其中，不能自拔。年輕人後來選擇用讀書的方式來補充自己的缺陷其實是一種積極的做法，但是他的問題在於始終太過於在意身體上的缺陷，對此無法釋懷。

第 11 章　清空雜念：心靜才能自在如風
第三節：珍惜該記住的，忘記該忘記的

　　這個年輕人有那麼多的知識和美德不去關注，偏偏只糾結在一個什麼都沒有的袖管，無端的丟棄了美好，只在乎遺憾。豈不是因為一個遺憾而又產生了很多遺憾嗎？

　　但是我們很多人卻都在犯和年輕人一樣的錯誤。人生在世，煩惱有時也會伴隨著快樂，失敗也會伴隨著成功，如果一個人整天都在胡思亂想，把沒有價值的東西也存在頭腦中，那他就會感到前途渺茫，人生有很多不如意。

　　所以，我們要對頭腦中儲存的東西進行及時清理，把該珍惜的保留下來，把不該保留的予以拋棄。那些給人帶來痛苦感受的事情，實在沒有必要過了若干年還拿出來回味。

　　史蒂芬‧霍金從小就對自然科學擁有強烈的情趣，在他 21 歲得知自己患上了不治之症後，他也消沉過一段時間，醫生當時預測他最多只能活兩年。但是兩年過後情況並不是非常糟糕。後來他想到了和自己一個病房的那個男孩，他第二天就去世了；於是霍金覺得自己還不算倒楣，不應該就這樣放棄。他才情過人，17 歲就考上了劍橋大學

　　於是霍金為了家庭，為了自己的理想，果斷堅強了起來，繼續自己的研究。他在自己的個人傳記中談到，他幾乎已經忘記了疾病對他的影響，他每天都陶醉在自己的世界中，努力不去思考自己的疾病。同時，他又在努力證明自己能夠像其他人一樣生活。

　　霍金在自己的生活中，能自己做到的事情絕不麻煩別人，

Part 4　平靜心態帶來圓滿人生

他很憎恨別人將他當做身障者。霍金對生活永遠充滿了樂觀和幽默的態度。在他患病後，曾有六次非常近距離和死神交手的機會，他都頑強地活了下來。

一次，在霍金演講結束後，一位記者衝到臺前問：「病魔已經將您永遠都固定在了輪椅上，你不認為命運讓你失去太多了嗎？」霍金臉上充滿笑意，用他還能活動的三根手指敲擊鍵盤，螢幕上出現了一段話：「我的手指還能活動；我的大腦還能思考；我有終生追求的理想；我有愛我和我愛的親人和朋友。對了，我還有一顆感恩的心。」現場頓時爆發出了雷鳴般的掌聲。

用霍金的話來說就是，活著就有希望，人永遠不能絕望。比大海更廣闊的是天空，比天空更廣闊的是人的胸懷。即使病魔將霍金關起來，他也是無限空間之王。可能我們連很久以前發生的傷心事都難以忘懷，但是霍金卻能忘記現在正在發生的我們普通人眼裡的不幸的事，也正是因為這種遺忘，讓他取得了非凡的成就，如果他自怨自艾，自得病後就放棄了自己，很難想像世界科學界會有多大的損失。

人生的很多幸運和不幸都是過去，就如同窗外的雨，淋過，溼過，走過。曾經的美好留在心底，曾經的悲傷置於腦後。學會遺忘和原諒，人生總是從告別中走向明天。席慕蓉說，遺忘是我們不可更改的宿命，所有的一切都像是沒有對齊的圖紙，從前的一切回不到過去，就這樣慢慢延伸一點一點錯開來，也許錯開的東西，我們真的應該遺忘了。

第 11 章　清空雜念：心靜才能自在如風
第四節：學會把人生的「包袱」變輕

時間一直在流逝，我們以前和以後都會在不經意間被人深深傷害，然後瞬間長大。因為有時候很多人很多事很多感情都不能如我們所願，很多我們想要的東西最終會離開，而我們根本沒有挽留的餘地。於是我們必須要學會原諒，原諒這世間所有的恩仇，忘卻所有的煩惱。

很多事情，就是因為知道的過多或過早而變得更加複雜，對此，最簡單的處理辦法就是什麼也不知道。我們無法拒絕的那些成長歲月裡，生活給予我們的種種體驗和歷練。有幸福、開心、溫暖、還有感動，當然也有痛苦、悲傷、失落、更有不幸，但正是這一次又一次對生命歷程的體驗，讓我們的人生精采而豐富。

人心如茶杯，舊茶不倒掉，新茶永遠無法進來。學會遺忘和原諒，不為是非所累，不被名利纏身，眼裡沒有過去，只有未來。記住該記住的，忘記該忘記的，原諒一切的人和事。你會發現，路的旁邊還是路，願我們靜靜地行走在時光裡，不以物喜不以己悲，風輕雲淡。

第四節：學會把人生的「包袱」變輕

決定一個人命運的往往不是他的家庭背景和環境，而是他是否有一個良好的心態，是否懂得在任何情況下都不忘清洗自

Part 4　平靜心態帶來圓滿人生

己的心靈，以便讓自己活得更自在灑脫。

　　生命總是隨著時間變得越來越厚重，生活裡讓我們憤怒無比的事情也總會隨時間而消散，人生的酸甜苦辣總會隨著時間變淡，生命的厚重是因為得失讓我們懂得太多，是因為喜憂讓我們學會整理感情。

　　人生在經歷坎坷辛酸的同時也是在收穫一些經驗，當某一階段的路走完的時候我們再回頭看，就會發現崎嶇的也早已經被走成了坦途，內心得到的是豐富的寶貴經驗。人只要少計較，多學習和思考，就會自然看淡得失和憂喜，讓心寬一點，腳下的路就會寬出來很多，只要保持一個健康淡泊的心態，人生每天都會簡單自然和新鮮。

　　如果被一些事纏繞，就把這些煩事輕輕放下。如果一些人讓你痛苦憂傷，就慢慢將這些人遺忘。只要學會捨棄，懂得珍惜，清新的空氣就會圍繞在身邊，每天都會有新的感覺回味在生命裡面。

　　看淡人世變遷，內心始終如一。我們每天的生活，其實活的是心情。活得累，是因為能左右你心情的東西太多。天氣的變化，人情的冷暖，不同的風景都會影響你的心情，而他們都是你無法左右的。看淡了，天氣無非陰晴，朋友無非聚散。

　　據說在很久以前，蜈蚣其實是沒有腳的，牠像蛇一樣行走，而且動作很迅速。有一天，蜈蚣看到了豹子在大地上奔跑，速度快得像風。蜈蚣見了非常羨慕，心裡想：「豹子有四

第 11 章　清空雜念：心靜才能自在如風
第四節：學會把人生的「包袱」變輕

隻腳，跑起來當然快了，我要是有腳一定能跑得更快。」

然後蜈蚣就開始日夜向上帝請求，希望能得到更多的腳。上帝終於答應了蜈蚣的請求，他在蜈蚣面前放了很多對腳，讓蜈蚣自己挑選。蜈蚣見了欣喜若狂，牠拿起這些腳裝在自己身上，裝了四隻之後，想到還剩下那麼多腳不用會浪費，而且自己身上還有很多地方可以長腳。於是抱著腳越多跑得越快的想法，蜈蚣不停地往自己身上裝腳，直到牠身上再也沒有一點空間可以放腳了，牠才不得不停了下來。

上帝離開後，蜈蚣看著自己滿身的腳，開心極了，想著自己有這麼多腳，跑起來一定像射出的箭一樣嗖一下就不見了。可是當蜈蚣真地開始跑時，才發現這些腳很難使用，因為數量太多，牠甚至根本控制不了它們，走起路來，有的快、有的慢，有的還會互相拌，根本沒辦法前進。蜈蚣只好使出了全身力氣，全神貫注地指揮這些腳按照順序和步驟有秩序的前進。

最終，蜈蚣艱難的讓這些腳順利的往前走了，可是牠也因此筋疲力盡，跑得比以前更慢了。牠去問上帝：「上帝，你不是說腿是用來行走的嗎？」上帝回答說：「是的。」「可是我這麼多腿，為什麼還走不過兩條腿的雞呢？」上帝看了看蜈蚣，遺憾地對牠說：「蜈蚣啊，不只是腿，世上的很多東西都是如此，貪多必失。」

我們總會嘲笑蜈蚣，因為牠太貪心了，想要得到那麼多自己其實並不需要的東西，結果到頭來，卻連自己以前擁有的也失去了，但是這是否也是我們人類自己的縮影呢？

Part 4　平靜心態帶來圓滿人生

　　上帝為了考驗人性,把很多金條放在了人群裡,說,每個人都可以從金條堆裡拿金子,一邊拿一邊數,最後誰數對了,拿的金子就歸他了。隨後人們瘋狂的從金條堆裡拿金子,可是到了最後,誰也沒有得到金子。

　　上帝問人類,一對金條就放在眼前,可以隨意拿,為什麼誰也沒有得到金子呢?其中一個人說,他一心想多得金子,於是拚命地拿,手越拿越快,結果數數的嘴跟不上了,數著數著就數錯了,所以沒有得到金子。另一個人說,他也一心想多得金子,於是他拚命地數,嘴越數越快,結果拿金子的手跟不上了,就拿錯了。

　　上帝聽完,感嘆道:看來在貪婪面前,人和蜈蚣並沒有什麼不同。說完就帶著金子走了,留下了一群後悔的人。

　　我們每個人都在背負著自己的欲望前行,欲望爆發時,也就等同於我們背負的包袱變得越來越重,直到我們無力承受為止。人要拿得起,也要放得下,拿得起是生存,放得下是生活,有些人拿不起,也就無所謂放下,有些人拿得起,卻放不下。拿不起,就會庸庸碌碌,放不下就會疲憊不堪。

　　我們普通人的人生中有很多東西需要放下,只有放下那些多餘的負擔,我們才能更加瀟灑地一路前行,我們總是在經歷了很多的喜怒哀樂、恩怨得失之後才慢慢領悟了人生的真諦。每個人都有最適合自己的方式去生活,面對不適合的誘惑,控制住自己的欲望,轉頭離開,才能繼續去尋找幸福的捷徑。

第 11 章　清空雜念：心靜才能自在如風
第四節：學會把人生的「包袱」變輕

我們常常感覺到很累，但是卻不知道原因，其實就是我們背負了太多的包袱而不自知，我們背著自己的有色眼鏡，背負著自己的嫉妒、抱怨、偏激……這不只是會對身邊的人產生不好的影響，凡是不能正確對待別人的人，肯定也不能正確的對待自己。

看到別人做出了些成績，就說沒有什麼了不起的，甚至千方百計的去詆毀；看到別人不如自己的地方，就冷嘲熱諷，憑藉貶低別人來抬高自己。處處要求別人尊重自己，自己卻不去尊重別人，在處理重大問題的時候仍然意氣用事，這種人在事業上成事不足敗事有餘，在社會中恐怕也很難與人友好相處。

背負著這些包袱的人始終不能正確看待問題，總是會鑽牛角尖，對別人的善意規勸也一概不理。他們大概整天都在抱怨生不逢時、懷才不遇，總是問這個社會或者其他人提供了什麼給他們，而不問他們自己為別人貢獻了什麼。

這類人肯定是缺少朋友的，大家交朋友都喜歡意氣相投，飽學而又謙和的人，那些始終認為自己高人一等，開口就要爭論，無理也要辯三分的人，誰願意和他們相處呢？要想讓自己避免成為這樣的人，就要在生活中多豐富自己的知識、增長自己的閱歷，多參加有益的社交活動，同時還要掌握一些正確的思想觀念和方法，這樣才能更加有效地避免自己出現上述中的偏激心理。

一個人有自己的獨特看法，有不隨波逐流的獨立思考，不

Part 4　平靜心態帶來圓滿人生

盲目從眾，這無疑是難得的好特質，但是這種好特質要以不固執己見、不偏激執拗為前提。不論是做人還是處世，腦海裡都應該多一點辯證思維，多從兩方面去思考問題，這樣才能發揮自己性格中積極的一方面。不然你的性格和想法都會變成你的負擔，終日背在身上，壓得你喘不過氣來。

只有自己替自己減負，不去與人計較，也不去與人比較，我們才能走出不平衡的負面循環和不安分的人生敗局。每個人都要學會為自己的人生做減法，這樣做的目的其實也是為了避免自己出現由此導致的負面情緒，只有調節好自己的情緒，我們才會感覺到生活的美好。

第 12 章
以柔克剛：
低頭不是輸，而是人生智慧

第一節：沒有過不去的事，只有不會過的人

　　昨天已經過去，明天還沒有到來，我們要活在今天。

　　已經過去的仇恨，如果還被放在心裡，就像電腦中了病毒一樣。回味過去的憤怒，又是一個病毒放在心裡。對別人的做法、想法都看不慣，心裡充滿了病毒，終有一天會當機。

　　只有把心完全打開，把過去不好的事情全都忘記，才會擁有明天。過去的苦樂都已經過去，未來的苦樂還沒有到來，把握好今天，不要瞻前顧後，不要記恨別人、報復別人，仇恨和報復只會加深自己和別人的痛苦。

　　被別人罵了一句話，花無數時間去難過，為了一件事發火後，損人不利己，氣出病來傷害自己，這樣的做法等同於丟了一百塊錢，卻花了兩百塊錢叫車去找它。過去的已經過去，未來的還沒有到來，把握當下才是尊重自己的人生。

　　古希臘神話中有一個英雄名叫海克力斯，有一天，他走在坎坷不平的山路上，發現腳邊有個袋子似的東西很礙事，海克

Part 4　平靜心態帶來圓滿人生

力斯踩了那東西一腳。誰知道那東西不但沒被踩破，反而膨脹起來，加倍擴大著。海克力斯惱羞成怒，拿起一根碗口粗的木棒打它，那東西竟然長大到把路堵死了。

就這這時，山裡走出來一位老人，對海克力斯說：「它叫仇恨袋，你不理它，它就小如當初。你侵犯它，它就會膨脹起來，擋住你的路，與你敵對到底。所以，年輕人，對付它最好的辦法就是忘了它、遠離他。」

生活在這個社會中，我們幾乎避免不了和別人產生摩擦、但是不要忘了在自己的仇恨袋中裝滿寬容，那樣我們就會少一份障礙，多一份成功的機會，否則將永遠被擋在通往成功的道路上，直到被打倒。

只有忘記仇恨，心靈才能得到休憩。你寬恕了別人，你的怨恨、責怪、憤怒就沒有了，寬恕是一劑良藥，總是忘不了別人的「壞」，其實是自己在和自己過不去，讓自己一直生活在痛苦之中，何必呢？

寬恕是心靈的解脫，這個世界上沒有過不去的事，只有不讓事情過去的人。只有忘記仇恨，才能繼續往前走，才能提升自己、開闊自己。在很多情況下，人們認為的一些仇人，未必就真的是什麼仇人。就算他真的算得上是個「仇人」，對方心有歉意，誠惶誠恐，你不念舊惡，以禮相待，也會化干戈為玉帛。把所謂的「仇人」看做朋友，堅持禮讓，如果你這樣做了，說明你正在一點點的提升自己、開闊自己。

第 12 章　以柔克剛：低頭不是輸，而是人生智慧
第一節：沒有過不去的事，只有不會過的人

善於忘記仇恨，是成大事者的一個特徵，既往不咎的人，才能放下沉重的心靈負擔，大步地向前進。只有忘記仇恨、寬宏大量的人，才能與人和睦相處，才會贏得他人的友誼和信任。就算苦累交加，就算在以往的成長道路上寫滿了失敗的人生歷程，也要明白這些都已經成為了所謂的過去式，過好自己正在進行的每一天，珍惜好現在的每分每秒，這才是最重要的。

總是想著過去，除了回憶，什麼也不能增加，除了回味，什麼也不能改變，過去的已經永遠地埋進了歷史的角落，將它徹底放下，自己才會過得更好，忘記它，自己才會心無雜念地朝著自己真正的人生目標前進。

人生是一條單行道，是路就在所難免地有曲折和坎坷，走上去也難免掉進洞裡，但是我們不能一直在洞裡不出來，也不能出來了、繼續向前走了，卻還總是回頭看那個洞。忘了過去，一切重新開始，這才是我們真正正確的決定，不要老是拿著以前的那些點點滴滴來說事。

過去不重要，現在才重要，現在過得好才是真的好，如果你以前過得很好，現在變得潦倒，屬於你的還就是現在的潦倒，不會是從前的美好；珍惜現在，過好正在進行的每一天，才是我們需要去做的。

忘掉過去，過好現在，創造未來才是我們努力的方向，是我們的目標與追求，讓我們一起向著未來要美好，這才是正確

Part 4　平靜心態帶來圓滿人生

的選擇，放下過去的一切，讓我們攜手擁抱未來，共同迎接我們美好的明天。

生命中總會有一些值得回憶的事，不想忘記也無法忘記，它讓我們知道了刻骨銘心的感覺，即使我們刻意的去忘記它，但最終它還是會在某個不經意地突然閃現。無論如何，生活中，我們要盡力學會忘記過去。

忘記過去對於情緒來說是一種解脫，對於人生來說是一種昇華，在人生的路途中，如果把什麼愛恨情仇、功名利祿、恩恩怨怨、是是非非都牢記在心裡，讓那些傷心事、煩惱事、無聊事永遠縈繞於腦際，在心中烙下永不退色的印記，就等於背上了沉重的十字架，無形的枷鎖會讓生命過得很苦很累，以致精神萎靡，心力交瘁。

如果我們學會忘記過去，把痛苦的、難過的、傷心的事情都忘記，那就會為我們帶來心境的愉快和精神的輕鬆。正是如煙往事俱忘卻，心底無私天地寬。學會忘記，即使失敗，也能充滿信心，勇敢面對未來的挑戰。即使痛苦，也能擺脫糾纏，讓身心沉浸在悠閒的寧靜裡；即使遺憾，也能放下包袱，輕裝上陣。

學會忘記，能幫助你走出失敗的陰影，走出自卑的沼澤和痛苦的深淵，重新認識自己。讓過去的事情過去，想開一點，對於無關緊要的事，要糊塗一點，朦朧一點，及時將這些東西從大腦中清除出去，不讓它們在記憶中占有一席之地。

第12章　以柔克剛：低頭不是輸，而是人生智慧
第一節：沒有過不去的事，只有不會過的人

2012年，莫言獲得了諾貝爾文學獎。在領獎之前，他發表了45分鐘的演講。在演講中，莫言說讓他印象最深的故事是母親對仇恨的忘卻。

小時候，莫言跟隨母親去集體的田裡撿麥穗，看守麥田的人來了，撿麥穗的人紛紛逃跑。母親是小腳，跑不快，被身材高大的看守人抓住，搧了她一個耳光。她搖晃著跌倒在地上，看守人沒收了他們撿到的麥穗，吹著口哨揚長而去。母親嘴角流血，坐在地上，臉上絕望的神情讓莫言終生難忘。

很多年之後，那個看守麥田的人成為了一個白髮蒼蒼的老人，在集市上和莫言母子相遇，莫言衝上去，想找他報仇，母親拉住莫言，平靜地說：「兒子，那個打我的人，與這個老人，並不是同一個人。」

莫言說，是母親的善良和大度教會了他怎麼去看待人，怎麼去理解仇恨與寬容。莫言的母親不可能認錯傷害過自己的人，但是她不希望仇恨的種子埋藏在莫言心裡，讓他迷失了雙眼，失去發現人性閃光的眼睛。愛和寬容，是莫言母親一生的主題歌。

將仇恨埋在心裡，只會越積越多，對別人的成見越來越大，化作心裡的怨氣而看不清別人的優點。遇到矛盾和不愉快，我們應該做的是先冷靜一下情緒，想想矛盾為什麼會產生，究竟是自己的錯還是別人的錯，冷靜過後才能有理智的處理辦法，只有這樣才能化解仇恨等負面情緒。

Part 4　平靜心態帶來圓滿人生

　　隨著時間的流逝，可能我們曾經的夢想沒能實現，可能我們的記憶中增加了很多的苦惱和困惑。這些也許使我們的心黯淡了許多，讓我們的觀念改變了許多，但是就像新陳代謝一樣，想要向前走，我們的生活就要不斷改變。忘記舊的，增加新的，在這個過程中，我們才漸漸變得更加成熟與堅強。

第二節：當你改變不了事實時，試著改變態度

　　同樣是生活在相似的條件下，有些人感激而滿足，過著快樂的生活，有些人卻滿腹牢騷，過著陰暗而粗劣的生活。生活，是你自己過出來的，沒有誰能規定你的生活模式，一切都是自己的選擇。

　　生活得快不快樂，完全決定於我們個人對人、事、物的看法如何，你的態度決定了你生活的幸福指數。比如說你認為自己貧窮，並且無可救藥，那麼你的一生就將會在窮困潦倒中度過；如果你認為貧窮是可以改變的，你就將會積極、主動地面對它，改善它。對待煩惱和痛苦也是如此。心態決定我們的生活，有什麼樣的心態，就會有什麼樣的生活。

　　那些在我們生活中的缺憾和不如意，不管我們接受或者不接受，它都這樣存在著，也許我們無力改變這個事實，但是我們可以改變的是看待這些事情的態度。要學會用陽光般的心

第 12 章　以柔克剛：低頭不是輸，而是人生智慧
第二節：當你改變不了事實時，試著改變態度

態去面對生活，它會讓你開心、讓你自信，讓你忘掉疲憊和憂慮。

積極快樂是一生，陰鬱煩悶也是一生，但生活的品質卻是天壤之別，你能懂得這其中的道理，你便從容。生活是我們自己在過，我們必須體會到這一點，為自己的生活和快樂負起責任。

其實我們在日常生活中，有煩惱是正常現象，沒有煩惱才是不正常的。但是我們的痛苦或者快樂並不取決於煩惱，而是取決於我們自己的內心。面對人生的煩惱和挫折，最重要的是擺正自己的心態，積極面對一切。不必為痛苦而失去現在的心情，不必為莫名的憂慮而惶惶不可終日。

總是憂慮明天的風雨，總抹不去昨天的陰霾，今天的生活怎能如意呢？今天的心情怎能安靜呢？過去的已經過去，明天還沒有來臨，把握當下，把握今天的人和現在的事，這才是實實在在的，也是最美好的。

不停的抱怨對只會使我們增添煩惱，沒有任何好處。抱怨是一種致命的消極心態，一旦自己的抱怨成為了惡習，那麼你的生活就會暗無天日，不僅自己的好心境全無，而且也影響了你身邊的人。自己給自己一些自信，自己給自己一點愉快，自己給自己一臉微笑，何愁沒有生活的快樂？

人生的快樂在於我們對待生活的態度，快樂是自己的事情，不要將快樂建立在別人對自己的做法上，只要願意，你

Part 4　平靜心態帶來圓滿人生

可以隨時將心靈的窗口調整到快樂的頻道。學會快樂，即使難過，也要微笑著面對。人生如此短暫，沒有時間讓我們去浪費。

當你改變不了人生中的很多無奈時，你可以學著改變自己；當你改變不了事實時，可以試著改變態度。我們無法預知明天，但是可以把我今天，學會選擇，懂得放棄，保持一個理智的心態，讓平淡和樂觀充實自己的生活。

我們要用最低的成本管理好的東西，管理好你的情緒，調整好你的心態，讓心情舒暢，讓自己從容生活。心態決定情緒，情緒決定心情，心情決定心境，心境決定生活。一個好的心態，其中一半在於性格，一半在於涵養。性格怎樣，看你如何去管理自己的個性習氣；涵養如何，看你怎樣要求自己。管理好自己的心態和情緒，生活才會從容自在，幸福常在。

人生的很多喜怒哀樂，其實都只在我們的一念之間，同樣的事情，看得有多重，在你心上就有多少分量。輕者為樂，重者是苦，事物的更替不由人，看輕看重由自己。轉個念便是輕安，回個頭即是離苦。

在遇到煩心事的時候，我們要盡量往好處想。很多人遇見事情的時候就急得像熱鍋上的螞蟻，本來可以很好解決的問題，正是因為情緒掌控得不好，就讓簡單的事情複雜化，讓複雜的事情更難了。

其實，只要我們冷靜下來，仔細分析一下事情的關鍵，把

第 12 章　以柔克剛：低頭不是輸，而是人生智慧
第二節：當你改變不了事實時，試著改變態度

每個細節都處理地貼切就會遊刃有餘，遇到棘手的事情，不要慌，想想該怎樣才能把它做好。你越往好處想，心就越開，越往壞處想，心就越窄。

每天保持一個良好的心態，如果遇到讓人煩惱的事，要學會自己勸慰自己，讓自己平靜下來。懷著一顆感恩的心去看世界，不計較得失，學會發現身邊所有令人感動的事情，就能很好地幫助我們保持一個良好的心態。

外界的事情是我們無法控制的，當我們和其他人起爭執的時候，我們可能會產生憤怒、悲傷等情緒，如果這些情緒沒有得到合理發洩，就會在我們的身體裡面不斷的累積，聚集形成負面能量，最終甚至會導致疾病或者情緒困擾。

我們很多人都聽過上面這個說法，所以我們相信，當自己有情緒的時候，不去徹底發洩出來就會把自己憋壞，根據這個理論，我們就應該將自己的憤怒發洩出來，才能維持身心健康。所以我們會選擇在情緒激動的時候，順著自己的本能，將心裡的怒氣發洩出來。

但是事實上，不顧後果地隨意發洩，情況有可能會更加糟糕。心理學家發現，發洩憤怒比起忍著憤怒，更加容易引起心臟病，發洩憤怒會觸發某種內在機制，極易導致動脈損傷。忍耐和發洩都會導致情緒問題和身體疾病，那我們要怎樣去調整呢？

我們要意識到，憤怒並不是解決問題的唯一方法。面對同

Part 4　平靜心態帶來圓滿人生

一件事情，我們每個人產生的情緒都是不同的，比如一句髒話，有些人聽了會怒火中燒，大打出手，有些人卻只會嗤之以鼻，一笑而過。這也說明了，事情本身並不直接引發情緒，引起情緒的是我們對於事件的解釋和評價。

我們只要透過更理性的認知去看待與他人的衝突，我們的情緒就能得到最佳調節，甚至不會產生任何不良情緒。這需要我們不斷提高自己的修養，豐富自己的知識，鍛鍊自己的心性，以達到對人和事準確的判斷、理性的決定、沉著的行動。

在經過平靜下來的理性分析之後，如果我們發現自己的確錯了，我們就一定要虛心認錯。因為自己的錯讓對方動了肝火，增加了他患心血管疾病的機率，還傷了人家的心，這罪過不是大了嗎？這時趕快認錯，然後再靜下來尋找解決或者彌補的方案才是正確的選擇，怎麼還還好意思不高興呢？

要是從任何角度來說，我們自己都是無過錯方，那何苦用別人的錯誤來懲罰自己呢？無故受氣的確委屈，可是想到對方在暴怒的狀態下指責你的時候，他身體裡的血液正在越流越快，血壓不斷升高，心臟砰砰作響，肝的造血機能也受到損害。這樣會不會也對他產生一絲同情呢？

對於這類事情，我們大可以抱著認錯態度良好，但就是屢教不改的心態，絕不勞心動氣。

如果你怎麼想也弄不清這事情到底是誰的錯，反正就是起衝突了，這種情況下，我們要提高自己的耐受程度，讓很多我

第 12 章　以柔克剛：低頭不是輸，而是人生智慧
第三節：放下別人的過錯，就是寬容自己

們以前很在意的事情，現在變得不在意了，以前會發怒的事情，現在變得無所謂了。

要做到對很多事情都不在意，這和每個人的修養關係很大，多看點書、多出去見識一些事，反思一些事，你的個性自然會越來越豁達，形成一個大的格局，也就不會再為一些小事所煩惱了。

完美的人生根本不存在，每個人、每件事都會有缺憾，如果我們在面對著改變不了的事情時，將目光放在找到其美好的那一面，可能我們的心情就會有所不同，心態也會隨之改變。不要總是把眼光盯在醜陋的地方，那樣永遠都不會有好的心境。

第三節：放下別人的過錯，就是寬容自己

我們和很多人打交道，朋友、同事、商店的收銀員、**餐廳的服務生**……在相處的過程中，難免會有摩擦或者爭執，但是我們要盡量去控制住自己的情緒，憤怒和仇恨對我們自己是沒有任何好處的。退一步講，就算真的沒控制住，還是爭吵了起來，我們也一定要在事情過去之後就真正讓它過去，不要再記恨對方。

被恨的人是沒有痛苦的，就像你被別人恨，你是沒有痛苦，甚至是不知道的。但是恨別人的人卻每天都生活在痛苦

Part 4　平靜心態帶來圓滿人生

中，睡不好覺，吃不好飯，天天都像生活在地獄中一樣。所以說，放下別人的過錯也是寬容我們自己。

一個人的記憶就像是握在手裡的冰塊，會讓你感覺到非常寒冷，不管你把這塊冰握得有多緊，它都會慢慢消失。人的過去一定會消失，心裡放不過自己的人就是沒有智慧，放不過別人的人就是沒有慈悲。忘記過去，想想未來，你會得到更多的充實。

我們無法抵抗或者減緩生命的流逝，就像我們無法改變每天太陽的東升西落。所以，我們應該學會忘記。不要總把命運加給我們的痛苦，在我們有限的生命中拿出來反覆咀嚼，那樣將得不償失，百害而無一利。

一味的緬懷和沉醉於痛苦的回憶，只能讓我們意志薄弱，長此以往，必然導致我們錯失時機而一事無成。這樣惡性循環，也必然讓我們的痛苦與日俱增。生活是一個萬花筒。裡面的內容五花八門，紛繁複雜，不斷有舊的過去，也不斷有新的會來，誰也不可能一眼從頭望到尾。所以我們要學會忘記，忘記過去的成敗得失，以飽滿的精神和愉快的心情去迎接生活給我們的新挑戰。

沉溺於昨天的人，很可能會連今天也錯過，因為他不願意去面對今天的各種變化，當新變化發生時，他就會茫然不知所措，變得煩躁不安。我們的確應該記住某些事，但我們更應該學會忘記某些事。

縱觀芸芸眾生，有誰能一生都活得春風得意、無波無瀾

第 12 章　以柔克剛：低頭不是輸，而是人生智慧
第三節：放下別人的過錯，就是寬容自己

呢？成人的背後總有殘缺，命運就像一葉顛簸於海上的扁舟，時刻都有可能遭受波濤無情的襲擊。在活生生的現實面前，很多時候我們都是無能為力的。

所以，我們要學會放下，放下過去生活中不如意的事情帶給我們的陰影，光明的太陽也有黑子，月亮也有陰晴圓缺，我們要漸漸忘記昨天生活給我們帶來的陰影，坦然地面對今天的太陽，微笑地迎接明天的生活。

可能我們曾躊躇滿志、豪情萬丈，想要大展宏圖，但是生活的道路卻坑坑窪窪、崎嶇不平；可能我們樂於平凡、甘於淡泊，嚮往寧靜致遠，但生活的海洋卻總是時不時地揚起風浪。於是，我們感到苦累、徬徨、失意，但所有這些煩惱，只源於我們還沒學會放下，總是對傷心的昨天念念不忘，對過去的不如意耿耿於懷，使得寶貴的今天痛苦滿溢，讓憂傷占據，並在不知不覺中就與它失之交臂了。

放下昨天，是為了今天更加振作，志向遠大的人不應該為一時得失所羈絆，成功人士都懂得應該怎樣讓昨天的慘敗變作明日的凱旋；放下煩惱，你可以輕鬆面臨未來的再次考驗；放下憂愁，你可以盡情享受生活賦予你的樂趣；放下痛苦，你可以擺脫糾纏，讓整個身心沉浸在悠閒自在的寧靜中，體會人生的多姿多彩。

有個人因為學不會放下而去拜訪一位大師，談到放不下的苦悶和對寺院寧靜的嚮往。大師卻說，在寺院裡，其實也不是

很容易的，有些根器（佛教術語，指眾生對佛法「聞思修」的接受能力和行動能力）比較好的，確實一遇到環境就領悟了，說放下就放下，有的就需要很長時間也不見得能放下。

由此可見，這個世界本來就沒有清靜的地方，所謂的清靜，實際上是內心的平靜，內心平靜則心安，心安了外界的一切就都會變得寧靜。

我們在現實世界中做不到心安，是因為我們放不下的東西很多。它把我們害得很慘，回想我們在世間的那些生活，吃、穿、用、行，從生到死，都被牽掛著。人從某種角度上來看是有些可憐的，說終其一生都在追求物欲吧，其實也不是真正的享受了物欲，花了很大的代價獲得的物質財富，大多數要用來裝扮我們的臉面。

我們很多時候憤怒、持續的憤怒或者仇恨，都是因為「臉面」，有多少次我們翻臉是因為面子問題。放下的實質就是讓我們放下「臉面」，放下這些虛偽的東西，看到生命的真相。學會放下浮躁之心，只有戒浮戒躁，才能不受干擾、不受誘惑、腳踏實地的走向心安。

過去有過美好，也有過挫折和痛苦，可以把美好銘記在心頭，但不要常常去回憶那些痛苦和挫折。有些人，就喜歡生活在回憶裡，每天記著哪些人傷害過自己，自己經歷過那些苦痛，如果他天天被過去的事情所困擾，他哪還有心思去享受現在生活的美好呢？哪還有心思去描繪未來的藍圖呢？

第 12 章　以柔克剛：低頭不是輸，而是人生智慧
第三節：放下別人的過錯，就是寬容自己

人誰無錯，生活也不會完美，有時會產生煩惱是正常現象，但我們千萬不要成為煩惱的奴隸，要學會放下它，用積極樂觀的心態去面對問題、解決問題。就像我們考完試，因為沒考好而鬱悶一下沒事，但是如果天天為這件事茶飯不思就不行了。苦惱不能改變沒考好的事實，只有改變心態，再次積極的投入到讀書與備考中，才能在下一次的考試中取得成功。

很多人生活得很累，是因為熱衷於追逐名利，在他心裡，名利高於一切，不惜一切去獲取，甚至以身試法。其實，比名利重要的還有很多，比如生命、健康、家庭、親情等，這些才是我們人生中最重要的東西。淡泊名利的人才活得更加淡然、充實，這應該是我們所嚮往的生活。

我們要學會放下工作。我欣賞事業心強的心，但是我們也要明白，工作不是人生的全部，我們工作的目的是要讓自己和家人過得更好，如果為了工作，一點自己的時間、空間都沒有了，這豈不是本末倒置了。我們還是要在工作之餘享受生活。

有些人的字典裡就只有「工作」兩個字，從來都沒想過要鍛鍊鍛鍊身體，陪父母說說話，和妻子兒女共進晚餐。一個人無論多麼忙，都應該抽出一點時間回家看看父母，陪老婆孩子去旅遊散心，找朋友聚會海聊，享受親情和友情帶來的溫馨和幸福。

生活需要看開，人生需要放下。放下別人的過錯，也是放過自己。只有放下了，我們才能邁著輕盈的步伐，迎接每一個

日出，懷著美好的心情，欣賞每一處朝霞。生命的過程如花般綻放，美麗而令人嚮往。珍惜生命的每一刻，舞動生命的熱情，在未來的路上，不斷地充實和完善自己，多一份自信，多一份努力，笑著走過人生四季，別讓仇恨破壞了這幅美好的畫卷。

第四節：無關對錯，學會「放自己一馬」

在衝突產生的原因中有一類是「得理不饒人」，其實起衝突的事件可能都是小事，但是雙方情緒的激動程度卻像是上升到了某種不動手不解恨的程度，結果矛盾就越鬧越大，事情越來越僵。這種情況下，「得理饒人」就成為了一種成功的處世方式。

某市的一家社區超市裡發生了一件讓人唏噓的事件，兩個老人到超市找賣西瓜的男子小鵬（化名），說之前在他這買的西瓜讓他們吃壞了肚子，要他賠償五萬元。小鵬同意賠償 1,500 元，老倆口卻不依不饒，說不給錢就要來這連罵 49 天，這天已經是第五天了。

在難以入耳的汙言穢語的攻擊下，46 歲的小鵬終於失去了理智，拿起手邊的刀捅了兩個老人二十多刀，使其當場死亡。行凶後的小鵬走進了附近社區的巷子裡，分別打電話給母親和妻子，叮囑了些事情，然後就跳進附近的河裡自殺了。

第 12 章　以柔克剛：低頭不是輸，而是人生智慧
第四節：無關對錯，學會「放自己一馬」

因為超市裡有監控錄影，超市裡也有別的人將經過錄了下來。所以整件事從事發到找到小鵬的屍體，一共不到一天的時間，但是它帶給人們的震驚卻不是一天兩天能消除的。

小鵬並不是超市的老闆，甚至不是賣西瓜的小販，他只是超市裡一個普通的店員，偶爾賣西瓜的不在了就幫忙秤個西瓜。事後有經常去超市的附近居民說，小鵬為人很老實，經常去超市和他熟了之後，他總是從庫房裡拿新鮮的菜給他們。而且每次見面，小鵬臉上都帶著笑容，為人親切友善。

現場的目擊證人稱這件事的確不是小鵬的錯，作為一個幫忙秤西瓜的，他答應賠給老人 1,500 元其實也算是有擔當了。可是事件的發展超出了所有人的預期。小鵬自然知道現場有錄影，從他拿起刀的那一刻起，他就是打算同歸於盡的。可是，值得嗎？

我們不去武斷地評論這件事一定完全是哪方的錯。只是就算是那兩個老人無理取鬧，小鵬殺了人，氣是出了，但他用了生命的代價來出這口氣，命都沒了，委屈和憋氣還重要嗎？

當時處在盛怒之下的小鵬甘願就這樣草草結束生命，可是如果他現在還活著，冷靜了下來，我相信他一定會後悔那時的所作所為。畢竟在我們有理智的人眼中，在生命面前，像被罵和其他的很多事情就都成了小事了，可惜小鵬再也沒有機會去懂得這個道理了。

事情本身的對錯有時候本身並沒有那麼重要，就算是對方

做錯了，你去記恨他，去報復他，你同樣是生活在痛苦中的，所以放對方一馬，其實也是放自己一馬。

我們每個人有很多的社會身分，作為一名員工來說，辦公室是工作的場所，雖然人和人相處總會有摩擦，但是切記要理性處理，不要盛氣凌人，非得爭個你死我活才肯放手。就算是你贏了，大家也會對你另眼相看，覺得你是個不給朋友餘地、不尊重他人的同事，以後也會在心裡對你設防。而被你傷了尊嚴的同事，也會對你記恨在心，這樣你就無意中多了一個敵人。

在家庭生活中，我們作為子女、兄弟姐妹、父母，在和家人的意見產生分歧的時候，不要死抓著對方的錯不放，更不要將這件事記在心裡，以後如果有摩擦就再將這件事拿出來說。在家裡認輸，其實你才是真的贏了。

家人之間的日常爭執其實無非是讓你買Ａ牌豆腐，你非要買Ｂ牌的更貴的豆腐這類雞毛蒜皮的小事，你不認輸，兩人吵得面紅耳赤，大傷和氣，最終傷害的還是你們整個家庭的和諧。如果你選擇了更理性的做法，在無傷大雅的小事上認個錯，氣氛緩和下來了，家還是那個幸福美滿的家庭，受益的也是你自己啊！

再轉換成消費者的身分，我們去購物、娛樂、去餐廳吃飯，經常會和服務人員打交道，也許會有一些衝突出現。這種時候，其中一種選擇是懷著一種我是消費者、我是上帝的想

第12章　以柔克剛：低頭不是輸，而是人生智慧
第四節：無關對錯，學會「放自己一馬」

法，你做錯了，你就要跟我道歉，賠償我經濟損失和精神損失費，我到你們這消費又不是為了找一肚子火，你的態度讓我不爽，你上菜太慢了，你要受到我認為合適的懲罰。

還有另外一種做法是將自己的同理心呼喚出來，換位思考，服務生已經端了一整天盤子了，他們很累了，一時疏忽或者累得連臉上的表情都顧不到了，我們其實是可以理解的。別在小事上找他們的毛病就當做是日行一善了。如果真的有什麼必須說出來的問題，那就控制好自己的態度和情緒，平靜地將問題說出來，我相信這樣才會得到妥善的解決。

衝動不能解決任何問題，切忌將與別人的交談當成是辯論比賽，與人說話友善又和氣，對於一些原則性並不是很強的問題，沒有必要爭得你死我活。有些問題可能根本就不值得提出來。如果一味逞強好勝，只會讓身邊的人都覺得你沒有涵養。

有些人喜歡看別人的笑話，有些人喜歡說別人的笑話，雖然是開玩笑，卻絕不肯以自己吃虧告終。有些人喜歡爭辯，有理就要爭理，沒理也要爭三分；有些人不論是國家大事，還是生活小事，一見對方有破綻，就死死抓住不放，非要讓對方敗下陣來；有些人對本來就沒有對錯的事情，還是想要爭個水落石出。

這些人認為在相處中事事勝對方一籌就是贏了，殊不知有時我們要以退為進，放對方一馬，不會讓人覺得你不如別人或是軟弱了，別人反而會認為你懂得不將人逼到絕路上，是值得

Part 4　平靜心態帶來圓滿人生

交的朋友,人緣就是這樣好起來的,所以放別人一馬也是放自己一馬。

聰明人都善於把精明和智慧放在心裡,要知道智慧不是一個戴在臉上的華麗面具,不是老掛在嘴邊的口頭禪,智慧只應展現在踏踏實實的人生過程中。所以,我們在待人接物時,要善於發現別人的長處,不要動不動就口無遮攔地對別人品頭論足、議論別人的美醜善惡,更不要總是揪住別人的小過失不放。EQ低的重要表現之一就是始終在言語上戰勝別人。

漢朝有一位叫劉寬的人,他在南陽當太守時,手下的官吏和百姓做錯了事,為了以示懲戒,他只是讓衙役用蒲草鞭責打,使之不再重犯,此舉深得民心。同朝為官的人想知道他是不是真的那麼寬厚,就設宴請他吃飯,並且讓婢女在捧出肉湯的時候故意裝作不小心把肉湯灑在他的官服上。

如果是一般人遇到這樣的事,一定會下令責罰婢女,至少也會怒斥一番。但是劉寬不僅沒發脾氣,反而問婢女:「肉湯有沒有燙到妳的手?」由此可見劉寬的確有超越常人的容人之量,他也因此獲得了同僚們的尊重。

這就是有理讓三分的做法,衣服髒了洗了就是了,再去責罰婢女,衣服也還是髒了。我們都是凡人,是凡人就有可能會犯錯,因此我們每個人都有需要別人原諒的時候,所以在責怪別人的時候也多為對方想想。表面上劉寬放了婢女一馬好像吃了虧,但實際上他的寬厚為他贏得了人心,最後的贏家還是

第 12 章　以柔克剛：低頭不是輸，而是人生智慧
第四節：無關對錯，學會「放自己一馬」

他，所以他這也是放了自己一馬。

　　做一個能理解和包容他人優點和缺點的人才會受到大家的歡迎，相反，那些只知道吹毛求疵的人得到的只能是敬而遠之。當別人理虧的時候，我們要大度地寬容他人，他人才會在你理虧的時候容忍你，這是一個良性循環，能幫助你們彼此建立互相寬容的人脈關係網。

國家圖書館出版品預行編目資料

憤怒的代價，那些被情緒「偷走」的機遇：溝通是 70% 的情緒＋ 30% 的內容，多幾秒鐘思索就能避免暴走，讓互動更有質感！/ 李涵 著 . -- 第一版 . -- 臺北市：樂律文化事業有限公司, 2025.01
面； 公分
POD 版
ISBN 978-626-7644-09-6(平裝)
1.CST: 憤怒 2.CST: 情緒管理
176.56　　113019737

電子書購買

爽讀 APP

憤怒的代價，那些被情緒「偷走」的機遇：溝通是 70% 的情緒＋ 30% 的內容，多幾秒鐘思索就能避免暴走，讓互動更有質感！

臉書

作　　　者：	李涵
責任編輯：	高惠娟
發 行 人：	黃振庭
出 版 者：	樂律文化事業有限公司
發 行 者：	崧博出版事業有限公司
E - m a i l：	sonbookservice@gmail.com
粉 絲 頁：	https://www.facebook.com/sonbookss/
網　　　址：	https://sonbook.net/
地　　　址：	台北市中正區重慶南路一段 61 號 8 樓
	8F., No.61, Sec. 1, Chongqing S. Rd., Zhongzheng Dist., Taipei City 100, Taiwan
電　　　話：	(02) 2370-3310　　傳　　真：(02) 2388-1990
律師顧問：	廣華律師事務所 張珮琦律師

-定　　　價：350 元
-發行日期：2025 年 01 月第一版
◎本書以 POD 印製